Books and Democracy

本と民主主義

アメリカの図書館における「表現の自由」の保護と制限
Freedom of Speech and Its Limits in American Libraries

上田　伸治

大学教育出版

はじめに

　民主主義は単に法律で自由と権利が定められ、制度として市民の政治参加が認められているだけで実現できるわけではない。常にその民主主義の原理を実現しようとする人々の言論と行動があってはじめて成り立つ。

　しかし同時に人々には異なった環境・考え方があり、民主主義でも何を重要視していくかによって、それぞれの言論と行動はさまざまになる。それを健全に調整して、国家としてのコンセンサスを築いていくところに民主的な政治が成り立っていく。

　本書はアメリカにおいて民主主義の重要な原理である「表現の自由」「知る権利」「プライバシーの保護」が、どのようにアメリカ社会の中で解釈され、実現されてきたのかについて論ずる。アメリカにおいて、「表現の自由」は憲法修正第1条に記載され、個人の権利として重要視されてきた。しかし個人の権利が、憲法に記載されているだけで守られてきたわけではなく、常に権利の制限に直面し、実現のために人々によってさまざまな努力がなされたのである。

　この憲法修正第1条は文面上では宗教、出版、表現、集会の自由の保護を指すが、このほかにも「思想・信条の自由」、また「知る権利」や「プライバシーの保護」まで広く含んでアメリカの人々が解釈しているのが見られてきた。これらの条文は単に文面上の題目ではなく、アメリカの人々にとっては、民主主義の原理として絶対の約束の1つであり、根幹をなすと考えられてきたのである。したがってこの権利が侵されるとき、言論と行動をもって、強く社会に働きかけ、法制度の変革を求める動きなどが見られたのである。

　しかし同時に、表現の自由・知る権利・プライバシーの保護が、社会秩序や安全保障にマスナスに作用するときに、それが制限されることもあった。時に

は制限が連邦政府や州政府によって課されたり、またある時は地域の住民によって課されたりした。それは情報の内容がわいせつであるという理由であったり、暴力的であるという理由であったり、反社会的という理由であったりした。また戦争の時には国家の安全保障が優先され、表現の自由・知る権利・プライバシーの保護に制限がつけられてきたのである。冷戦時代にも、ソ連・東欧のスパイ活動を防止するために、プライバシーの保護に制限が加えられたりした。

その様な中、国家の保護と個人の権利の狭間で、どこまで表現の自由・知る権利・プライバシーの保護を守るのかが議論され、アメリカ全体としては一定の方向へのコンセンサスがもたれてきた。

特に政治家ばかりでなく、個々の市民が独立したさまざまな思想を表現し、行動してきたところにアメリカ民主主義のダイナミズムがある。ある時は保守的な政策や思想が強くなったり、ある時はリベラルな政策や思想が強くなったりした。しかし全体として、法の統治の下に、アメリカ民主主義制度の秩序と安定が保たれてきたのである。

そのようなアメリカ民主主義制度の下で、本・雑誌・新聞・インターネットという情報源を扱うアメリカの図書館は、個人の表現・信条の自由・プライバシーの保護・知る権利を守らなければならないという基本的原理を保ちつつも、それを制限する政府の法令による規制や地域住民の要求に対処していかなければならないというジレンマを抱えてきた。ほとんどの場合、館内の規則や柔軟な対応によってその時々の問題を事前に回避したり、解決したりしたが、時には司法による解決を望み、裁判所の判断を仰ぐこともあった。また市民グループとともに政治に働きかけるなどしたのである。

したがって、アメリカの図書館において民主主義の基本原理である表現の自由・プライバシーの保護・知る権利は、文面上の静的な原理原則ではなかった。それを過剰に侵害する勢力に対しては対抗し、またある時は社会の秩序のために自ら譲歩したりするなど、常にこれらの原理は動的なものであり、実践し、保護するものだった。つまり図書館も、現実社会の一部として、その扱う情報に対して、議会・裁判所・地域のコミュニティー・権利擁護団体と協力し、また時には反目し合いながらも、妥協点を見いだし、現実において「自由」とい

う人々の基本原理を実現してきたのである。

表現の自由・プライバシーの保護・知る権利の解釈を決める 4 つの影響

　アメリカにおいて表現の自由・プライバシーの保護・知る権利の解釈に影響してきた社会的要因として、4 つの点が挙げられる。1 つ目は社会的秩序やモラルの変化、2 つ目は人種・性別・宗教への平等感の認識、3 つ目は情報獲得の技術的な躍進、そして最後に国内外の社会情勢の影響である。

　まず社会秩序やモラルの変化が、これらの基本原理の解釈に影響を与えてきた点について述べる。芸術・書物・写真などで表現されるわいせつ・暴力・反社会性という基準が時代とともに変わったり、地域ごとに異なったりし、基本原理の解釈も変わっていった。

　たとえば1873年、アメリカの連邦政府はアリストファネスが書いたギリシア喜劇の『女の平和』、イギリスの作家チョーサーの『カンタベリー物語』、ボッカチオの『デカメロン』、ボルテールの『キャンデード』等を、その内容が反わいせつ法に反するものだとして禁書にした。しかし1950年ごろになると、わいせつの意味が異なってきて、先に挙げた作品は古典として扱われるようになった。1972年の最高裁の判決では、わいせつを測る基準を設け、以後の判決にも影響を与えるようになった。

　また、暴力・反アメリカ主義に対する解釈も時代または地域により変化した。現在、出版されているものでも、時代によって、または地域によっては社会から排除された本などがある。1973年にウェスト・ヴァージニア州カナウア郡の学校区に通う子供たちの両親らが、グエンドリン・ブルックス、アレン・ギンスバーグ、マルコム X、エルドリッジ・クリーバーの著作を学校から排除するように抗議活動を行った。その内容が暴力的であるとか、反社会的であるとか、反アメリカ主義であるとかの理由であった。この件では、子供を持つ両親や地域住人が 9 週間にわたって子供を学校に送らず、州政府の建物前でデモを行ったのである。

　また1981年にニューヨークのアイランド・ツリー学校区において、反アメリカ主義の内容を持つ本が学校の図書館から取り除かれることがあった。しかし

この件に関しては最高裁判所は、生徒はいかなる本も読む権利があると判断して学校区の決定を違法とした。

　アメリカでは公立学校の場合、同じ地域の学校を取りまとめる学校区が教員の人事や教材や教科書の選定に力を持つ。そこで子供の読む本としてふさわしくないとして学校区が本を排除した例もあった。たとえばカリフォルニア州の2つの学校区が1989年に童話の『赤ずきんちゃん』(Little Red Riding Hood) を取り除いたことがあった。この本の内容はきわめて子供向けの内容だが、主人公の赤ずきんちゃんが彼女のおばあさんに持って行ったバスケットの中にワインがあり、アルコールに関して書かれている部分が子供の読む本としてふさわしくないと一部の保護者に見なされたのである。

　2つ目に人種・性別・宗教に対する平等に対する人々の意識の高まりが、表現の自由の解釈に影響を与えたことが挙げられる。宗教・信条に関わる有名な例としては、1925年のダーウィンの進化論に関するテネシー州の裁判が挙げられる。当時、テネシー州では州法によって宗教的な理由からダーウィンの進化論を学校で教えることが禁じられていた。人間がサルから進化したと教えることはキリスト教の教えには反していたのである。この裁判では生物学の教師だったジョン・スコープが、授業で進化論を教えたことに対して争われた。その当時、全米でラジオ中継されるほど、この裁判は注目を浴びた。結局この裁判では、スコープの行為は違法行為だと判断された。

　スコープ裁判の55年後、キリスト教の教えである天地創造説を公立学校で教えることを命じた州法が、憲法に違憲であるとして破棄された件があった。1980年にアーカンソー州地方裁判所は天地創造説は宗教的教義であり、科学ではないとして、公立学校での履修義務はないとする判決を下した。しかし進化論と天地創造説のどちらを教えるかは時代によって変わるような性質のことではなく、人々の宗教心に深く根付いている部分があり、キリスト教の強い地域では進化論は現代でも歓迎されないところも見られる。

　ちなみに2005年にテキサス州のジャーナリストたちとのやり取りの中で、ジョージ・W・ブッシュ大統領が天地創造説と類似した知性的計画説を進化論とともに公立学校の生物学の授業で教えるべきだと発言して波紋を呼んだことが

ある。天地創造説が神が人間を創造したと明確に表現しているのに対し、知性的計画説は人知を超えた力によって人間は造られたとする説である。いずれにせよダーウィンの進化論とは相対立する理論が、進化論と同等に生物の授業で教えられることを大統領が支持したのである。

　また人種に対する差別感をもたらすとして世界的な古典名作が学校の図書館にふさわしくないとして排除された例がある。1979年、ミシガン州ミッドランド市の学校がシェークスピアの『ベニスの商人』をユダヤ人を蔑視する内容だとして、図書館のコレクションにはふさわしくないと排除した。同様に性別に関してセンシティブな例として、1983年にアラバマ州の州教科書委員会がイプセンの『人形の家』をフェミニストの考えを助長するという理由から、教科書の内容としてふさわしくないとしたことがあった。1996年にはニュー・ハンプシャー州メリマック市の学校が、シェークスピアの『十二夜』は伝統に反する生き方を子供に教えているとして、学校の教材から取り除くなどあった。

　これらの人種・性別・宗教への平等観に反するとして本が排除されることは、時間的な経過による人々の意識の変化もあるが、地域住民の人種・宗教などの人口分布などにも関わりがあると考えられる。したがって地域によっては名作として受け入れられている本が、他の地域では差別感を子供にもたらすとして排除される例があるのである。地域と密着した図書館（とくに公立図書館）はこれらの影響から免れることはできない。表現の自由・知る権利を保護しようとする図書館のジレンマがここに生ずるのである。

　3つ目の要因としては、技術進歩が表現の自由・プライバシーの保護・知る権利の解釈に影響を与えていることが挙げられる。コンピュータの発達によりあらゆる情報が、どこでもコンピュータの画面で得られるようになったことで、表現の自由がどこまで許されるのか、また知る権利を制限できるのかという問題が起こってきたのである。アメリカの大学また公立の図書館において、カードで文献を検索することはもはやありえない。現在では本・雑誌・学術論文等の多くの文献の内容も、コンピュータの発達により、画面上で読めることになった。またインターネット上のオンラインの論文や文章も多く、授業の教材として使われるようになってきている。これは大学ばかりでなく、高校・中学・

小学校でもそうである。

　そこで表現の自由に関して、どこまでコンピュータのアクセスは許容されるべきなのかという問題が起こってきた。わいせつな内容・反社会的内容等を子供を含め誰でもコンピュータで見ることができるようになったことに対して、市民団体や政治家から規制を求める声が上がるようになってきた。その一方で、コンピュータを見る人の知る権利を制限してはならないという主張が、知る権利を主張する人々によって逆になされてきた。

　たとえば1996年に米国議会はコミュニケーション礼節法（CDA）という法律を通過させた。この法律は、図書館において18歳以下の青少年者に対してわいせつな内容を含むウェッブ・サイトへのアクセスを制限する目的だった。しかし、1997年に最高裁判所で、憲法に定められた「表現の自由」に反するとしてこの法律の違憲判決が下された。しかし議会は、その後も子供をわいせつ・反社会的なウェッブ・サイトから保護することを目的とした児童ポルノ防止法（CPPA）、児童オンライン保護法（COPA）、児童インターネット保護法（CIPA）などを通過させた。児童ポルノ防止法は2003年に違憲と判断され、児童オンライン保護法は2004年に下位の裁判所に差し戻されて実質的に違憲と見なされた。それに対して児童インターネット保護法は合憲判決が下された。これらの裁判では表現の自由・知る権利をどこまで守れるのか、また制限できるのかという解釈が争われ、その解釈の難しさを改めて露呈した事件であった。

　つまり各法律の運用に当たっては、ウェッブ・サイトの管理者の表現の自由がどこまで守られるのか、サイトを見る側の知る権利がどこまで守られるのか、また見る側のプライバシーの保護がどこまで可能なのかが議論されたのである。図書館はコンピュータの使用を認める主体者の側として、現実の場所において、これらの個人の基本的権利をどこまで保護できるのか判断を迫られた。

　そして4つ目の「表現の自由」の解釈に与える影響として、国内外の政治情勢の変化が挙げられる。国益に反する情報に対して「表現の自由」がどこまで守られるのか、またスパイ活動の防止のためプライバシーをどこまで公開すべきなのかという点が挙げられる。アメリカでは情報が自由に公開されるのが原則であるが、国益に大きくダメージを与える場合は制限が加えられる場合があ

る。とくに戦争中である場合は、法律によって知る権利・プライバシーの保護が制限されたりしてきた。

　1962年の冷戦中は安全保障に関して、下院司法委員会が検閲システムを作り上げた。1950年代、上院議員のジョゼフ・マッカシーの下、政府機能委員会の下に上院常設査察小委員会を設け、反共政策を打ち出した。この小委員会の勧告により、海外にある合衆国の大使館・領事館などの図書館や資料から共産主義を宣揚するようなプロパガンダを含む資料を処分するなどしたのである。

　東西冷戦中はソ連・東欧のスパイ活動を防止するために連邦捜査局（FBI）は、東欧系の英語のアクセントを持ち挙動不審の人を政府当局に通報するように、捜査の協力を図書館に求めることがあった。「図書館覚醒プログラム」と呼ばれるもので、1970年代から1980年代後半まで、連邦捜査局は捜査令状を持たず図書館利用者の監視を試みたのである。しかし、東欧系アクセントの英語で挙動不審という理由だけで、図書館利用者を政府当局に通報することは、図書館の倫理観に反していることは言うまでもなかった。多様な人種の住むアメリカ社会において、英語の訛りだけで、このような疑いの目を向けることは、差別行為であると見なされるためである。

　また、いかなる理由であれ利用者のプライバシーの保護を守るのは重要だと考える図書館において、安全保障のため政府当局へ協力しなければならない状況に置かれたことは大きな圧力になった。憲法修正第1条に照らして見れば、この連邦捜査局の行為は違法性があったことは言うまでもない。実際、ある図書館では捜査協力を拒否した例もあった。そして、このプログラムが組織的に行われていたことが、1980年代後半に明るみになったとき、米国図書館協会は団結して政府当局に抗議したのである。

　また2001年の「9・11」のテロ事件後、連邦議会は米国愛国者法を通過させた。この法律では、テロリストと疑われた場合、政府当局が図書館・病院などの施設から、利用者の個人情報を国家情報機関が収集できることを認めたものであった。さらに図書館の本の利用状況、Eメールやインターネットのアクセス情報をも政府当局が本人に知らせることなく調べることができる権限を認めた内容であった。この法律は個人のプライバシーの問題も絡み、リベラル・保

守の両方の支持者から批判の声が上がった。国益を守るとはいえ、政府の個人情報収集を認めることに対して、米国図書館協会や米国自由人権協会は政府に反発し、訴訟を起こすなどに至った。

　愛国者法に反対する図書館では、合法的に連邦政府の政策に反対する姿勢を見せたこともあった。愛国者法の口外禁止令によって、たとえ捜査を政府当局に受けても図書館はそれを利用者や他者に伝えることは禁じられていた。それに対し、いくつかの図書館では張り紙などをして、事前にコンピュータの利用者に政府当局が個人情報を調べる可能性があることを伝えるなどしたのである。

表現の自由を保護する主役・制限する主役

　これら4つの要因の下、政府・議会・裁判所・市民団体・大学そして一般市民が、表現の自由・プライバシーの保護・知る権利を社会の中でどこまで実現できるのかを解釈してきた。とくに表現の自由・知る権利の規制には、その内容が子供には不適切だと考える親たちの声や地域を支える学校区やコミュニティーがもっとも大きな影響を与えてきた。そして親やコミュニティーの要求に応じて議会・政府が動いてきた。

　しかし逆に、憲法の表現の自由を守るために声を上げてきたのも市民であり、それに応じて政治が動いてきたのも事実である。その意味で市民が表現の自由・プライバシーの保護・知る権利を解釈し、保護し、また制限もしてきた主役と言える。

　米国図書館協会の調べによると、1990年から2000年の間に図書館の蔵書や学校の教材として問題があると指摘されたケースは、報告されただけでも6,437件に上る。実際は報告されていないケースを含めると、問題視された本の数はこの4、5倍あると言われている。報告されたケースのうち、本に問題があると指摘したグループを分類別で言うと、3,891件（60.4％）のケースが子供の親で、次に図書館の利用者が936件（14.5％）、そして学校の教職員（596件、9.3％）、学校理事（232件、3.6％）と続いている。

　つまり報告されたケースのうち、60.4％は本に接する子供の親からの抗議または要求だったのである。逆に政治家から指摘を受けたケースは14件（0.2％）、

連邦・地方政府組織からは53件（0.8％）、宗教団体108件（1.7％）、市民団体175件（2.7％）となっている。いわゆる社会的権力や組織から、本の内容が学校の教材・図書館の蔵書に不適切だと指摘されたケースは、比較的少なかったといえる。

ただし政治家や連邦・地方政府や宗教団体が図書館の蔵書・学校の教材としてふさわしくないと指摘した場合の社会的影響は、個人の抗議・要求に比べて大きいことは疑う余地もない。マス・メディアの注目も受けやすいし、一気に指摘を受けた本の内容が多くの人に知られる。そのため政府・宗教団体・市民団体の表現の自由に対する影響は看過できないのは言うまでもない。しかしいずれにせよ、本の内容の良し悪しに声を上げ始めるのが市民であるなら、表現の自由のために声を上げるのも市民であることは間違いない。間違いなく市民が社会を動かす主役なのである。[1]

第2に図書館や市民グループが主役になることもある。たとえば連邦議会がわいせつ、暴力のウェッブサイトを制限する選別ソフトウェアをインストールすることを法制化したことがあった。大統領も署名し、長い裁判の結果、裁判所も合憲性を認めた法律であった。この法律に従わなければ、連邦政府の補助金とインターネットの割り引きが受けられないという規制があった。

しかし、表現の自由・プライバシーの保護・知る権利の保護を主張するサンフランシスコ公立図書館などいくつかの図書館はこの法律に従わず、選別ソフトウェアを入れなかった。連邦政府の立法・行政・司法が認めた法律に対して、地方の図書館が表現の自由・プライバシーの保護・知る権利について、連邦政府とはまったく異なった解釈をし、行動したのである。

第3に地方自治体が主役となる場合もある。先の例を挙げるなら、連邦政府の動きに反して、子供がわいせつ・反社会的なウェブ・サイトを見られないように選別するソフトウェアをインストールしないメイン州の公立図書館に対して、州で補助金を出す決定を下した例があった。この決議の内容では、連邦政府の法律に従うと公立図書館がその目的（つまり利用者の表現の自由・プライバシーの保護・知る権利の保護）を達成できないからと補助金・割引を受けないことを決定した場合、州政府がその分を補完するとした。それは明らかに地

方政府は連邦政府の方針からは独立しており、表現の自由・プライバシーの保護・知る権利について、連邦政府とは異なった解釈をすることもあることを示した例であった。

　また、テロ防止活動のため連邦議会によって制定された米国愛国者法の例を挙げるなら、地方自治体が、米国愛国者法に対して反対決議をする例も多く見られた。同法がプライバシーを過剰に侵害するとして、2004年までに約260の市・郡・州などの地方自治体が、反愛国者法の決議を議会で通過させたのである。

　人間社会である以上、共同体の秩序やルールという規制が必要なのは当然である。その上で、規制はあくまで個人の自由の尊厳という原則の上に成り立つことを皆が認識し、個人の権利を追求していくところにアメリカの民主主義の特長がある。また表現の自由・プライバシーの保護・知る権利を解釈できるのは連邦政府の議員・官僚・裁判官ばかりでなく、一般市民であると認識していることもアメリカ民主主義の別の特長といえるであろう。

　本書ではアメリカの図書館における表現の自由・プライバシーの保護・知る権利というテーマの下に、アメリカの民主主義がどのように実現また機能しているのかについて論考していく。

2006年5月

著　者

注
(1) 米国図書館協会のウェッブ・サイトより（http://www.ala.org/ala/oif/bannedbooksweek/bbwlinks/challengesbyyear19902000.pdf）。

本と民主主義
―― アメリカの図書館における「表現の自由」の保護と制限 ――

目　次

はじめに …………………………………………………………………… i

第1章　アメリカの社会「常識」の変化 ……………………………… 1
1. わいせつに対する考え方の変化 ……………………………… 2
　　（1）歴史的に禁書とされた本　2
　　（2）ボッカチオ『デカメロン』はただのわいせつ本？　5
　　（3）20世紀初めに出版された性描写の小説──ローレンスの『チャタレー婦人の恋人』　6
　　（4）避妊の教育はわいせつ？──マーガレット・サンガーの運動　7
2. 公共の場における芸術表現の自由 …………………………… 9
　　（1）ミケランジェロのダヴィデ像はわいせつ　9
　　（2）写真家の作品は芸術か、わいせつか　11
　　（3）メイプルソープをめぐる政治と芸術　12
　　（4）映画への基準　15
　　（5）『ブリキの太鼓』を警察がレンタルビデオ店、個人宅から回収　17
　　（6）ラップ音楽に対する反発　19
3. 反アメリカ主義、反社会に対する反応の変化 ……………… 21
　　（1）J.D.サリンジャーの『ライ麦畑でつかまえて』　21
　　（2）学校の図書館からマルコムXを排除　23
　　（3）ロバート・コーミアの『チョコレート戦争』　24
　　（4）マヤ・アンジェロウの『歌え、翔べない鳥たちよ』　26
　　（5）社会常識の変化　27

第2章　人種・性別・宗教・マイノリティーへの理解 ………… 31
1. 宗教・信条差別の影響 ………………………………………… 31
2. 公立学校の図書館での自由 …………………………………… 34
　　（1）『ハリー・ポッター』の魔法は邪教？　34

        (2) ダーウィンの進化論「モンキー裁判」——反キリスト教的　36

        (3) 天地創造説は科学か、もしくは宗教の教義か　40

        (4) 「非宗教的な人権主義は宗教」——アラバマ州の公立学校　43

　3．人種差別への影響 ……………………………………………45

        (1) シェークスピアの『ヴェニスの商人』はユダヤ人差別　45

        (2) ネオ・ナチの「表現の自由」　46

        (3) 大学におけるスピーチの自由　49

        (4) マーク・トウェイン『ハックルベリーフィンの冒険』は黒人差別　50

　4．同性愛の本を中学校の図書館に置くべきか？ ……………54

        (1) 児童向けの同性愛の物語　54

        (2) 同性愛者の自伝を図書館のコレクションとする　57

        (3) 表現の自由は諸刃の剣　59

第3章　テクノロジーの向上 ……………………………………62

　1．大学図書館におけるコンピュータ化 ………………………62

        (1) コンピュータ・アクセス制限への議会の法制化　62

        (2) 法律制定の前夜　63

        (3) 図書館員の不安　64

        (4) 法案賛成と法案通過　66

        (5) オンラインを規制することの問題——コムストック法の再来？　67

        (6) 全米図書館協会と全米自由人権協会の告訴　69

        (7) コミュニケーション礼節法に違憲判決　70

        (8) 最高裁判所の判断——定義の難しさ　71

        (9) 連邦最高裁判所の判決（Reno v. ACLU, No. 96-511）　73

　2．判決以後とさらなる法律制定 ………………………………75

        (1) 裁判での結果と分析——果たして規制できるのか　75

(2) 児童オンライン保護法（COPA）　76
　　　(3) 長い裁判と児童オンライン保護法の違憲判決　78
　　　(4) 図書館の反応　80
　　　(5) ロウドン図書館の独自性　84
　　　(6) ロウドン郡図書館の主張と人権協会の主張　86
　　3. 政府側の裁判の勝利——インターネットの規制は可能 ……… 89
　　　(1) 児童インターネット保護法（CIPA）　89
　　　(2) 米国図書館協会の告訴　91
　　　(3) 地方裁判での違憲判決　93
　　　(4) 逆転した裁判　95
　　　(5) 判決後の図書館への影響　96
　　　(6) 判決後の州政治への影響　99
　　(4) まとめ ……………………………………………………… 100

第4章　国内外の政策と図書館 …………………………………… 106

　　1. 国内外の状況変化 ………………………………………… 106
　　　(1) 戦争と国内の安全保障　106
　　　(2) 冷戦時代——反共主義・公民権運動時代　107
　　　(3) 1970年代、1980年代に見られた政府の図書館への介入　108
　　　(4) 実際に政府当局は図書館で何を捜査したのか　110
　　　(5) 連邦捜査局の要請を拒否した図書館の立場　111
　　　(6) 連邦捜査局のプログラムに対する議会の動き　112
　　　(7) 捜査局の多少の譲歩と払拭されない図書館の不信　113
　　2. 「9・11」テロの影響と米国愛国者法 …………………… 115
　　　(1) 圧倒的多数の支持で米国愛国者法が通過　115
　　　(2) 表現の自由を制限する雰囲気　119
　　　(3) アメリカの図書館の立場　120

(4) 図書館で愛国者法はよく知られていたのか？　*121*

　　(5) 政府当局は本当に図書館を訪ねたのか？　*122*

　　(6) 政府と議会の見解　*124*

3. 愛国者法への反対と抗議 …………………………………125

　　(1) 図書館の合法的反抗　*125*

　　(2) 共和党からも反対者　*128*

　　(3) 地方議会での愛国者法への対応　*130*

　　(4) 愛国者法への非難に対する連邦政府の動き　*132*

　　(5) 愛国者法の延長　*135*

　　(6) ロンドンの「7・7」のテロ事件後　*137*

4. まとめ ……………………………………………………141

おわりに……………………………………………………………*147*

第 1 章

アメリカの社会「常識」の変化

図1　ジェームズ・マディソンの肖像
（出典：Library of Congress Prints and Photographs Division）

　アメリカ合衆国憲法は、独立戦争を経て1787年に制定された。当初、人権条項は含まれていなかったが、13州の憲法批准の論議が交わされた際、憲法批准に反対する反連邦主義者たちがイギリスに見られる権利の章典と呼ばれる人権条項を憲法に含むことを強く要求したのである。その結果、ジェームズ・マディソンが1789年に行われた第 1 回議会に12条にわたる憲法修正案を提出し、そのうち10条が議会で可決され、権利の章典と呼ばれる憲法修正10条が1791年に施行されたのである。そのうち憲法修正第 1 条は、宗教・表現・出版・集会の自由を認めたものであった。以後、修正第 1 条はアメリカ民主主義の中で表現の自由が語られるとき、もっとも重要な原理として伝えられたのである。また先にも述べたが、知る権利やプライバシーの保護などの原理も、この修正第 1 条に含まれると認識されてきた。[1]

　しかし表現の自由が憲法で認められたからと言って、何でも言ったり、書いたりすることが許されてきたわけではない。社会秩序を乱すような言論は、むしろ制限されてきた歴史があったのである。とくに宗教がアメリカ建国に果たした影響力は大きく、わいせつであったり、暴力的であったり、反社会的であるような宗教的な倫理観に反する言論や出版は常に制限されてきた。

つまりアメリカでは、表現の自由・知る権利が保障され、本などを自由に出版する権利があるとはいえ、社会がそれを受け入れるか否かはまったく別問題なのである。特に保守的な地域であれば、その地域のコミュニティーに住む人々のモラル観に合わないような表現の自由は、むしろ制限されてきたのである。したがって本・ビデオ・DVD・音楽CDを扱う図書館は、地域によってはそのコミュニティーの人々のモラル観によって表現の自由・知る権利が制限されることもあった。

また、時間の変化によってモラル観が変わったのも事実である。これは国全体・地域ともに昔よりは現在の方がリベラルなモラル観になっていると言える。昔、わいせつだと見なされていた出版物が現在では受け容れられるなどしている。

本章では本・ビデオ・DVD・音楽CDなどの表現の自由・知る権利が、アメリカの社会のモラル観によって、いかに制限を受けてきたのかについて考察する。とくに「わいせつ」、「暴力」、「反社会・反アメリカ」という概念が、これらの基本的な権利をいかに制限したのかについて述べる。

1. わいせつに対する考え方の変化

(1) 歴史的に禁書とされた本

わいせつな内容の本に対する政府の規制が1870年代に見られる。これは、キリスト教系の市民団体がわいせつな出版物による市民のモラルの低下を抑えるために起こした運動が発端だった。しかし、この法律成立以後、取締りの対象になった本の中には世界的に古典文学とされているものも多く見られた。

ニューヨークのキリスト教青年会（YMCA）は1860年代後半に、わいせつな表現を含む文学の取り締まりの法律成立をニューヨーク州議会に求めた。1868年にはこの要求が法制化されたものの、実質的には市場に出回る出版物への規制はほとんどされなかった。その後、YMCAのメンバーだったアンソニー・コムストック（Anthony Comstock, 1844 - 1915）は、わいせつな出版物を監視できる

ような市民団体「悪徳への抑圧」（The Suppression of Vice）を新たに設立し、議会へわいせつ取り締まりを訴えるロビー活動を1870年代初めから行った。[2]

結果、彼らの運動の成果として、1873年、連邦反わいせつ法（Federal Anti-Obscenity Act）が成立した。通称「コムストック法」と呼ばれる。この法律ではわいせつな本と見なされたジェームス・ジョイス（James Joyce）、D.H.ローレンス（D.H. Lawrence）、テオドア・ドレイサー（Theodore Dreiser）などの本が検閲の対象となった。このほかにも禁書とされた本には、アリストファネス（Aristophanes）の『女の平和』、ジェフリー・チョーサー（Geoffrey Chaucer）『カンタベリー物語』、ボッカチオ（Boccaccio）『デカメロン』、ペルシアの古典『アラビアン・ナイト』、レオ・トルストイ（Leo Tolstoy）、ボルテール（Voltaire）など世界的な古典が含まれた。

コムストックは合衆国郵政局から特別エージェントとして任命され、わいせつの取り締まり対象となった本を送った者・受け取った者を逮捕し、罰金を課したり、刑務所に送ったりしたのである。[3] 実際コムストックは、3,600人以上の逮捕、2,700件の告訴、53tに上る本の強制回収に関わったと自ら告白している。[4]

この法律ではセックス・避妊・中絶に関連する本も取り締まったため、幅広い分野の書物がこの法律の対象となった。たとえば1914年、避妊の知識を広めることに活動したマーガレット・サンガー（Margaret Sanger）は避妊についての記事を新聞に掲載し、郵便によって送ったとして8度にわたって告訴された。この時代、避妊に関する記事はわいせつと見なされたのである。[5]

このコムストック法は、その成立以来60年にわたってアメリカの言論の自由を必要以上に弾圧したとして、後に悪法として有名になった。

しかし第二次世界大戦後、状況に変化が見られた。司法の場において、コムストック法が行き過ぎであると判断されるようになった。雑誌『エクスワイア』誌が郵送でわいせつな読み物を送っていると当時の郵政大臣に追及を受けたのに対して、同誌は訴訟を起こした。その結果、郵政大臣が文学や芸術においてわいせつかどうかの基準を決める権威はないとして、1946年に最高裁判所は郵政大臣側の主張を退けたのである（Hannegan v. Esquire, 327 U.S. 146）。

また1957年には、子供をわいせつな読みものから守るミシガン州の取締法に関しての新たな判断が下された。この事件では、わいせつな本を売ろうとした男性が、おとり捜査官に同州のわいせつ取締法に反するとして逮捕された。しかし最高裁判所は、成人がわいせつなものを成人に売ることは問題ないと判断した。また、人々の読みたいものを選ぶ権利を認めている憲法修正第1条に同州の法律は反していると判断したのである。この判決により、それまでは成人もわいせつな出版物を扱ったら罰せられたのに対し、この判決では憲法に照らし合わせて成人にわいせつな出版物を売ることは罰せられないとしたのである。つまり目的は子供をわいせつから守るという範囲に狭めたということである（Butler v. Michigan, 352 U.S. 380）。

だがアメリカにおいて、わいせつとは何かという定義はなかなか定まらなかった。1957年の事件では、わいせつな宣伝ビラを郵便で送った本屋に対して、この行為は連邦政府と州政府のわいせつ取締法に違法であるとの判決を裁判所は下した。この裁判で注目されるのは、わいせつかどうかを判断する基準は「現代の世間一般の通念」から見て「好色的興味」の内容か否かであるとした点である。つまり「世間一般の常識」という社会状況や時代によって変わるような定義によって、取締法の対象となるわいせつなことを目的とした内容であるかどうかを判断したのである。判決では司法が完全に明確な判断を下したとは言えないものの、わいせつの定義に関しての目安を設けたことには意味があった。また重要なことは、「表現の自由」を記した憲法修正第1条はどんな表現も許されるということではないと判断した点である（Roth v. United States, 354 U.S. 476）。

1960年代は『チャタレー婦人の恋人』（Lady Chaterley's Lover）、『癌のトロピック』（Tropic of Cancer）、『ロリータ』（Lolita）など、性描写があからさまな本が検閲の対象となった。

1973年にも「世間一般の通念」を下に判断された判決がある。ここでも、すべてのわいせつな出版が「表現の自由」の下に保護されるわけではないとした。さらにこの判決では、3つの判断基準をつけることで、多少、具体的な判断方法を裁判官は示した。つまり、第1に世間の一般常識に見てわいせつかどうか、第2に人々に嫌悪感をもたらす表現かどうか、第3に教育や医学などの

目的以外の低俗な価値で出版したかどうかを基準にしたのである。その上で、わいせつな写真や表現を掲載した出版物が制限なく人々に送られることを憲法修正第 1 条は保障しないとした（Miller v. California, 413 U.S. 15）。

　ところで、この裁判でウォーレン・バーガー判事は、世間一般の通念自体があいまいなので、法律家の法的説明の上で陪審により判断されることが望ましいという見解を出している。先に挙げた1957年と1973年の判決は、以後、同様の裁判の前例となったのだが、「世間一般の通念」は時代とともに変わっていったため、以後もその時々の世代の思想・考え方が裁判の行方に大きく反映したと言える。

　たとえば1982年の最高裁判決も、世間の常識でわいせつと判断されるような青少年の性行為の内容を含む映画を販売した本屋に対して、憲法に保障された「表現の自由」はないとの判断を示した（New York v. Ferber, 458 U.S. 747）。

　現代でも毎年、少なくとも数百冊の書籍は、何らかの形で図書館から排除されている。米国図書館協会の発表した統計によると、実際、排除されなくとも内容がよくないとして図書館から取り除くことを要求された回数は、1990年から2000年の10年間だけで8,900件にも及ぶという。これは確認された数だけで、報告されない数はその数倍になると見られている。このうちわいせつだとして排除を要求された回数は1,607件になる。[6]

　実際、この報告の対象になった本にはマヤ・アンジェロウの『歌え、翔べない鳥たちよ』（I Know Why the Caged Bird Sings）、アリス・ウォーカーの『カラーパープル』（The Color Purple）、トニー・モリソンの『ビラブド；愛されし者』（Beloved）、『青き瞳』（The Bluest Eye）などがある。

(2) ボッカチオ『デカメロン』はただのわいせつ本？

　現在、古典として教科書に名前が挙げられ、どこの大学・公立図書館でも置かれている本でも、出版された当初から高い評価を受けていたものばかりではない。やはりその時々の人々の考え方によって高い評価をされたり、逆に時には図書館や書店から排除されたり、政府から検閲を受けたりしたのである。ジョバニーニ・ボッカチオの『デカメロン』もその 1 つである。

イタリアの作家ボッカチオは『デカメロン』を1349年から1352年の間に執筆した。ヨーロッパでは1340年代にペストが広がり、人口の3分の1は死んだと言われている。話の始まりは、ペストの被害を逃れるために若い7人の女性と3人の男性が避難した村で、10日間にわたり、さまざまな世間話を100話するという内容になっている。

　庶民の卑俗的な話が多く、内容は人間性豊かでおおらかなものだが、好色な修道士の話、金銭に目がくらんで貞操を失った娘の話、愚かさゆえに騙される人の話などが含まれている。それゆえに15世紀のイタリアの各国では内容が軽薄、下品、わいせつなどとキリスト教会や知識人に非難もされてきた。しかし一方で、庶民には人気を博し読み続けられてきた。『デカメロン』はボッカチオが書いたオリジナルがずっと読み続けられたわけではなく、何度も他者の校閲を受けるなどした。1559年に禁書として扱われて以来、一部内容を削除して出版されるなどもした。しかし、18世紀にはボッカチオの再評価がなされ、『デカメロン』は正しく人々の考えや生活をそのまま描写する一方で、正当に聖職者の腐敗を批判しているものだという意見も出てきた。たとえば1742年に出版されたドミニコ・マリア・マニーニの『ジョバニーニ・ボッカチオの「デカメロン」の歴史』という本では『デカメロン』の話は史実に基づいていることを挙げながら、ボッカチオが素直に当時の人間社会を描写していると述べている。

　賛否の評価はどうあれ、1861年のイタリア統一まで『デカメロン』は30回も再版され、多くの人々に読まれた。ヨーロッパ各地にあっても、19世紀の間フランスで禁書とされ、イギリスでは1950年代まで排除されていた。アメリカでは、話の卑俗さから連邦反わいせつ法によって1930年代まで禁書とされた。[7]

(3) 20世紀初めに出版された性描写の小説──ローレンスの『チャタレー婦人の恋人』

　イギリスの作家D.H.ローレンスが『チャタレー婦人の恋人』を発表したとき、あからさまな性描写でありわいせつであるとして、出版することがまず困難であった。この小説以前に、1912年には『虹』という小説を発表した時も、わいせつだとして発禁となった。1927年に『チャタレー婦人の恋人』をローレンス

は書き終えたが、その赤裸々な性描写の内容ゆえに、イギリスの出版社から校正することを迫られた。しかしその間にイタリアのフローレンスから、校正されていない版が出始めた。結局、彼の母国であるイギリスでは、ローレンスの死後2年経った1932年に、かなり校正された『チャタレー婦人の恋人』を出版したのである。

アメリカでは1959年に、ニューヨークのグロース・プレス社によって初めて出版された。校正されていないオリジナルのまま出版されたこの本は、すぐにその内容がわいせつかどうかの判断を迫られた。学術者の読書サークルであったリーダーズ・サブクリプションというグループに出版社が判断を求め、社会性のある内容であることを証明しようとしたが、その努力もむなしく政府当局は連邦反わいせつ法の下、郵政局に保管されていた同書を没収した。

しかしそれに対して、グロース・プレス社は郵政局の行為は違法行為であると裁判に訴えた。ニューヨーク区の合衆国連邦地方裁判所ではグロース・プレス社の主張を認め、『チャタレー婦人の恋人』はわいせつではないと判断した。この判決を不服とした政府は上告したものの、1960年3月26日に上告裁判所で、出版社側の主張を認め結審した。これによって『チャタレー婦人の恋人』は、時代を代表する小説として法的に認められ、その後、単行本が出版されアメリカでも広く読者を得たのである。

(4) 避妊の教育はわいせつ？──マーガレット・サンガーの運動

先に挙げた悪法として有名になったコムストック法によって、1900年代初め社会運動家マーガレット・サンガーは、同法にふれる活動をしたため何度も逮捕された。先にも述べたように、サンガーが避妊方法を記したパンフレットなどを郵便で送ったことが法律に触れたのである。この当時は避妊のことについて啓蒙すること自体がわいせつとアメリカでは見なされていた。しかしサンガーは、当時のアメリカにおいて社会的に貧しい層の女性たちが避妊法を知らないために多産であると考えた。そして、さまざまな圧力のある中で、避妊方法を広く女性たちに知らせることで、より賢明な生活を送ることが重要だと考えたのである。

図2　次男のグラントを抱くマーガレット・サンガー
（出典：Library of Congress Prints and Photographs Division）

　1916年ごろからは、その目的に沿って『避妊』（Birth Control）という映画も制作した。しかし公開直前にニューヨーク州のブルックリンにおいて貧しい女性たちに避妊方法のパンフレットを配布して逮捕され、上映の計画はいったん、中止になった。この映画の内容は、貧しい女性が多くの子供を抱え貧困に苦しんでいる一方で、裕福な家庭は子供と幸せにしているという対照的なアメリカの様子を印象づけるものであった。出所後、サンガーと映画会社は、なるべくその目的をあからさまにしないように映画の題名を『新世界』と変えてニューヨーク近郊に宣伝し、そして全米への上映を計画した。

　しかしまず全米の配給については、モーション・ピクチャー・エグジビター協会（Motion Picture Exhibitor's League）という映画配給会社の連盟が、各地での上映を禁じたのである。そしてニューヨーク、パーク・シアターでの初めての封切りの日にも、ニューヨーク市免許委員長ジョージ・ベルの横槍が入り、直前で上映禁止となった。サンガーの映画を上映した場合、その映画館の免許は剥奪するという通達が、ベルから映画館に送られたのである。ベルの背後には、中止を求めてベルに圧力を加えたカトリック系の市民団体があった。

　これに対しサンガーと映画制作会社は、ベルの命令は免許委員長としての権威を超えた特権乱用であると訴えた。映画制作会社は、映画の内容がわいせつではないことを証明するために何人かの一般の人々に『避妊』（もしくは『新世界』）を見せて、宣誓した上での証言を集めた。そして高校の女性教師や教会の牧師などからも内容がわいせつではないとの証言を集め、法廷に提出した。その結果、裁判ではこの映画の内容が、社会におけるモラルや公共の利益を損なうものではないとしてサンガーの主張を支持した。

　しかしニューヨーク市とベルらは、それを不服として控訴した。しかも控訴審では憲法修正第1条の表現の自由の原則に照らし合わせて、わいせつかどう

かを争点にするのではなく、映画の内容が貧富の階級差を人々に煽り、必要以上に憎しみの感情を貧困層にもたらすとして上映が不適切であると主張したのである。結果、連邦控訴裁判所はベル側の主張を聞き入れたので、サンガーの映画が上映されることはなかった。[8]

　避妊自体を語ることで逮捕されることは現在では考えられないが、それもサンガーをはじめとする人権主義者たちが、言論の自由を主張し続けたことによってアメリカでもこの表現の自由が広く認められたからなのである。

2. 公共の場における芸術表現の自由

(1) ミケランジェロのダヴィデ像はわいせつ

　ミケランジェロの彫刻ダヴィデ像は、1504年にフィレンツェの政府庁玄関に飾られ、数年後、別の場所に移動された。長年において世界的な彫刻のダヴィデ像は各地でレプリカが作られ飾られた。しかし、数世紀にわたり世界で芸術作品とされたダビィデ像もアメリカでは、キリスト教保守派の信者などからダヴィデ像がその裸体を露にしていることからわいせつだとして、アメリカにあるダヴィデ像のレプリカに腰巻をつけさせるなどした。それが実行されなければ、政府当局がレプリカを没収するなどした。

　たとえば1966年に、ビバリーヒルズ市の警察があるアート・ギャラリーからダヴィデ像がわいせつだとして撤去されている。それが少しずつ変わったのは1960年代後半からである。1969年7月19日、カリフォルニア州サイプラス市では、1937年から同市の墓地公園に飾られていたダヴィデ像の腰巻が初めて取られた。同市の説明によると、社会状況と時代の変化のため、腰巻を必要としなくなったということであった。しかしこの時には、地域の一部の住民からダヴィデ像をそのまま飾ることはわいせつであるとの反対の声も上がったのは事実である。実際、同時期にダヴィデ像のレプリカを飾っていたカリフォルニア州のグレンデール市やウエスト・コビナ市は同様の状況でも腰巻をつけておく

ことにした。[9]

　近年においても、ミケランジェロのダヴィデ像のレプリカはわいせつだと見なされ、撤去を求められた事件がある。2001年4月にフロリダ州ポーク郡レークアルフレッド市において、交通の往来の多いストリートに面している装飾店の前庭に飾られていたダヴィデ像のレプリカをめぐってわいせつだと住民から苦情があり、地域政府が撤去を求めた事件があった。住民から苦情を受けた市の法制局員が、ダヴィデ像のレプリカに腰巻をつけるように店主に要請したという。

　娘とその友人たちがダヴィデ像の陰部の説明を求めることに困った母親が、市政担当官ジム・ドラムに、わいせつを取り締まる市の法律に違反していないかを確認したことに始まった。レークアルフレッド市には芸術を取り締まる法規はなく、市が店主に腰巻をつけるように要請する形となったのである。当初は店主も芸術作品に腰巻をつけることは馬鹿げていると主張していたものの、最終的にはレプリカに腰巻をつけた。[10]

　インディアナ州のエディンバラ市においても、同様に高速道路65号に近いショッピング・センター内にあった芸術品のレプリカを販売する店は、前庭に飾っていたダヴィデ像を人目につかないところに移動するように地方警察より命令された。インディアナ州ではわいせつ取締法があり、バースロミュウ郡の区画査察官は子供の目につきやすいところにわいせつな建造物を置くことは違法であると説明した。ただしこの法律は、いちじるしく「文学的、芸術的、政治的、科学的価値」を持たないと考えられ、子供に害のあるようなものをわいせつと定義していたため、ダヴィデ像のレプリカを芸術的価値のないものと見なすのか疑問視された。そのためインディアナ州の米国自由人権協会の支部は、この行政命令に対し、法的根拠が乏しいと疑問を投げかけた。同協会のケン・フォークは「ヌードであることだけでわいせつとは言えない。この件がわいせつというのなら、ルネサンスの芸術のほとんどは部屋の裏に置くか、隠さなくてはならない」と反論した。[11]

　このようにミケランジェロのダヴィデ像に対しては、その芸術的価値を問う前に、地域の個々人の住民がわいせつだと判断して子供の目に触れないように要請した結果、ダヴィデ像に腰巻をつけたりするようになったといった例が多

い。たとえそれが世界から奇異な目で見られようが、それはダヴィデ像のレプリカを目にする地域住民の問題として捉えるのである。図書館でミケランジェロの作品を載せた書籍がわいせつだとして排除されることはないが、裸体のレプリカ像などはミケランジェロの作品にかかわらず、現在でも公共の場から撤去される例がアメリカではあるということである。

(2) 写真家の作品は芸術か、わいせつか
　図書館が写真家の写真集を芸術のコレクションとして集めることは珍しくないが、ヌード写真、反社会性・反宗教性の写真が排除されることもあった。とくに写真は、社会の現実を映し出すため、アメリカ社会の主流のモラル思想に合わない作品は、社会的な保守層から批判を浴び、排除されるなど合った。
　たとえばサリー・マン（Sally Mann）が、20世紀後半に自分と子供が一緒に写っているヌードの白黒写真を発表した際、アメリカにおいて賛否両論の議論が起こった。ヴァージニア州出身のマンは、自身の子供3人の自然な姿を写真に撮り、1989年に『エメット・ジェシー・アンド・ヴァージニア』（Emmett, Jessie, and Virginia）、1992年に『イミディエイト・ファミリー』（Immediate Family）、1994年に『スティル・タイム』（Still Time）などを発表した。
　マンの写真集は発表されて絶賛される一方で、子供のヌード、大人びた顔でタバコをくわえた娘、怪我をして血を流した子供の顔の写真などもあるため、1990年代にはランデル・テリー（Randell Terry）やファミリー・オン・ザ・フォーカスなど保守的な人々やグループより、マンの写真は児童虐待、児童ポルノであると非難された。またフェミニストのグループからは、マンの女性のヌード写真は女性を性の対象として見せているだけであるなどとの非難も受けた。[12]
　また写真家アンドレ・セラノ（Andres Serrano）やロバート・メイプルソープ（Robert Mapplethorpe）もその写真の奇抜さから社会的保守・キリスト教保守グループなどから非難を浴びた。1987年セラノは『小便するキリスト』（Piss Christ）という作品を発表した。ワインレッドの背景に浮かび上がる十字架のキリストにオシッコのような黄色い液体が吹きかけられている写真は、反宗教的、神への冒涜であるとして非難を浴びた。芸術家に対して芸術活動の資金を援助する

政府の全米芸術基金（The National Endowment for the Arts）という制度があるのだが、セラノは現代美術のための東南センター（The South-Eastern Center for Contemporary Art）を通じて政府から基金を受け、『小便するキリスト』のほか、ヌード写真を含む作品展をアメリカの3つの都市で行った。

しかし、その巡回展示会の最後の都市ヴァージニア州の美術館での展示会では、全国的な宗教的保守グループのアメリカン・ファミリー・アソシエーションが大きく非難の声を上げた。彼らは議会とマスコミに働きかけ、セラノに政府の援助をするべきではないと主張した。これらの市民グループの要請を受け、1989年、当時ノース・カロライナ州上院議員のジェシー・ヘルムは同基金に対して、わいせつな芸術作品には資金援助しないように訴えかけた。

その結果、議会でサディズム、マソヒズム、児童ポルノ、性行為を含むような芸術家の作品に対しては政府の援助基金を支給することを控える法案を通過させたのである。しかしその後、司法の場においてこの法律は、表現の自由を定めた憲法修正第1条に違憲であるとして破棄された。それを受けて議会は、1991年に修正第1条で規制されないように芸術の表現内容そのものには触れず、単に多様なアメリカの公共の信念や価値観を損なわない「良識と尊厳」を保った作品に基金を支給するという内容の法律を制定した。1997年に最高裁判所は良識と尊厳を保つというところの基準を支持したのである。しかしその後もセラノは作品を発表し続け、1992年の『モルグ』（The Morgue）、1994年の『ヒストリー・オブ・セックス』（A History of Sex）などを世の中に送り出した。セラノの写真作品集はその度に賞賛を浴びる一方で、さまざまな物議を醸し出した。[13]

(3) メイプルソープをめぐる政治と芸術

ロバート・メイプルソープ（Robert Mapplethorpe）のホモセクシャルを扱った作品は、セラノ同様にキリスト教系保守のグループや政治家から反宗教的、わいせつだとして非難を浴びるなどした。メイプルソープの作品には陰部を曝け出した黒人男性の裸体やホモセクシャルな行為などがあったため、わいせつ、不道徳などと批判されたのである。

メイプルソープは1970年代からサディズム、マソヒズムをテーマとした写真

作品によってニューヨークやロサンゼルスで知られるようになった。彼の作品である『パーフェクト・モーメント』(The Perfect Moment)は1988年12月にペンシルバニア大学、1989年2月にシカゴ近代美術館などで展示され、大成功を収めた。しかし同時にキリスト教系保守のグループから大きな非難を受け、同年7月に開催される予定だった首都ワシントンでの展示は中止に追い込まれた。しかし、メイプルソープ自身はこの中止を知ることもなく、その展示予定の1か月前にエイズでこの世を去ったのである。

彼の死後も作品はアメリカ各地の美術館に展示され、賞賛と非難の両方を受けた。社会的には、作品の内容の過激さから、1989年にセラノの作品『小便するキリスト』の作品が議会で問題になったとき、セラノと同様にメイプルソープの写真作品に政府基金を出すべきではないという声が上がった。このような状況の中、メイプルソープの展示を決定していた首都ワシントンのコーコラン・ギャラリー・オブ・アートは展示会を中止した。しかしこの中止を受けてメイプルソープの作品を支持する芸術家や協力者がコーコラン・ギャラリーの壁に過激な写真等を飾る事件が起こった。その後、コネティカット州やカリフォルニア州の展示会は何事もなく成功したが、1990年にオハイオ州のシンシナティー・アート・センターで行われたメイプルソープの展示会では、館長が逮捕される事件に発展した。

オハイオ州にはキリスト教系保守のグループであるナショナル・コアリッション・アゲインスト・ポルノグラフィー(The National Coalition Against Pornography)とシティズンズ・フォー・コミュニティー・ヴァリュー(The Citizens for Community Values)の本部があり、これらの市民グループはメイプルソープの作品展示会に対して反対の声を上げ、同展示会の中止を求めた。これらのグループは同美術館や政府関係者にメールや電話での大規模な抗議活動を行った。これに対してアート・センターは、入り口に展示内容の簡単な説明を貼り、18才以下の者の入場禁止を促すのみにとどまった。

同展示会の開催が決まったことを受け、アートセンターを擁するハミルトン郡政府当局は入場者の中から評議委員会を構成し、作品の内容が芸術の展示かわいせつの陳列か評価することを試みた。結果、陪審員らは7つの作品がわい

せつの展示だとした。その結果を受けて、政府当局は館長のデニス・バリーをわいせつな展示をしたことで告訴するに至った。

裁判では、被告のアートセンターのバリー館長を擁護する証言のために美術館の鑑定家50人や写真の被写体となった子供の両親らが、メイプルソープの写真は芸術であり、子供に対する児童虐待の意思もないと主張した。原告側の証言には保守系市民団体であるアメリカン・ファミリー・アソシエーションの研究者1人が、メイプルソープの作品は児童虐待であると主張するにとどまった。最終的に裁判では、同展示会を行ったシンシナティー・アート・センターと同美術館のバリー館長に無罪が確定した。

しかし裁判の結果によって、メイプルソープの作品が芸術として完全にアメリカ社会に受け入れられたわけではない。むしろ政治的には、芸術に対する圧力が強くなったといえるのである。たとえば先に挙げたように、キリスト教の市民団体であるアメリカン・ファミリー・アソシエーションの会長のドナルド・ワイルドマンが、メイプルソープやセラノら芸術家に対する政府からの奨学基金を取りやめるよう政治家へ働きかけを行う動きなどが見られた。またマスメディアでも、保守系のコラムニストのアーヴィン・クリストルがウォール・ストリート・ジャーナルでメープルソープの作品を非難するなど見られた。議会ではノース・カロライナ州上院議員のジェシー・ヘルムがメイプルソープの作品を批判し、全米芸術基金の支給に問題を投げかけた。ヘルムはワシントンでのメイプルソープの展示会が中止になった1989年には、メイプルソープの作品に対してサディズム、マゾヒズム、ホモセクシャル、児童ポルノ、性行為を表しただけで文学的、芸術的、社会的、政治的価値などないと断罪したのである。

このような中、1990年の秋に連邦議会は全米芸術基金の支給期間を5年から3年に縮小し、予算も1億7,500万ドルだったのを約半分に抑えた。その上、芸術家の作品が裁判でわいせつだと判断された場合は、それまで芸術基金を与えられていた芸術家は支給額を返金しなくてはならないとした。また保守であるジョージ・H・W・ブッシュ大統領から任命を受けた全米芸術基金の会長は、基金を受ける芸術家に対し、反わいせつの誓いに署名することを強要した。またレズビアン、ゲイ、フェミニストなどの理由で4人のパフォーマンス・ア

ーティストへの基金の支給を取り消すこととした。(14)

　支給の返還を求められた芸術家たちは法的手段に訴え、3年後には再支給が決定された。しかし、このことは既成の社会モラルではわいせつであると見なされる題材を扱う芸術家にとっては、表現の自由を容易に獲得することは難しいことを示した。

(4) 映画への基準
　ところで、映画においてもわいせつの解釈が1960年代に変わってくる。司法がわいせつの判断に世間一般の社会風潮の変化を鑑みるようになって、緩やかな判決を下すようになった。自分の夫と子供を捨て、恋に落ちた青年のもとに行く『愛人』という映画が上映された。この映画の最後の濡れ場のシーンに関してオハイオ州のわいせつ取締法に反するとして、映画館のマネジャーが告訴される事件があった。しかしこの映画はポルノ映画ではなく大都市の100以上の映画館で放映され、賞賛を得たことを理由に、裁判所はわいせつに当たらないと述べたのである（Jaconellis v. Ohio, 378 U.S. 184）。
　映画に関しては1930年に映画協会が自ら規制を設け、内容に関しての非難を避ける手段をとった。これは1915年に『国家の誕生』(The Birth of Nation) という映画が作られたときに世間から大きな非難を浴びたことがきっかけであった。この映画は白人至上主義を唱えるクー・クラックス・クラン（KKK）を賞賛し、黒人を悪漢として捉えた内容であったため、全米の多くのシアターで上映が見送られた。全米有色人向上協会（NAACP）はすぐにこの映画の排除を求めた。
　このような状況の中、1930年にモーション・ピクチャー・プロデューサー・アンド・ディストリビューター・オブ・アメリカ（Motion Picture Producer and Distributors of America つまり"MPPDA"）は、内容がわいせつ・暴力・不倫・同性愛などの映画に対して規則を設けた。これはセントルイス大学の教授でカトリック教司祭でもあったダニエル・ロードと映画雑誌モーション・ピクチャー・ヘラルド誌の社主でやはりカトリック教徒のマーティン・クイングリーが主に推し進めた基準で、伝統的な家族や結婚の精神を損なわないような映画の内容になることを求めて基準を作ったのである。ただし彼らは犯罪に関しての映画については厳

しく排除することはなかった。なぜなら視聴者が「良いものは良く、悪いものは悪い」と理解できる限りは問題ないと考えたためであった。この基準はMPPDAに採用され、その時のMPPDA会長のウィル・ヘイズの名前を取り「ヘイズ・コード」として呼ばれ、映画の内容を取り締まることになった。(15)

映画界は「ヘイズ・コード」の下に委員会を構成したが、この基準ができた当初は、実質的には暴力的な場面やわいせつな場面を含む映画を厳しく取り締まらなかった。たとえば1933年の『シー・ダン・ヒム・ロング』(She Done Him Wrong)、1933年の『アイム・ノー・エンジェル』(I'm No Angel) などが上映されたが、カトリック教から内容が一般公開には不適切だと非難を浴びるなどした。

そこで、ヘイズは新たに商品規則を設けるためプロダクション・コード・アドミニストレーション（PCA）を設立して、映画の内容に関しての監査を行った。映画業界はジョセフ・ブリーン（Joseph Breen）を映画作品の内容監査役に雇った。ブリーンの監査に通れば適切な映画と承認されるため、ブリーンは強大な力を持つことになった。たとえばブリーンが映画の内容に関して干渉することもあった。一例を挙げれば、彼は南部の人種差別とリンチをテーマに映画を撮影しようとしたフィリッツ・ラング（Fritz Lang）の計画に対して、あまり人種差別を表に出さないことや政府の役人の腐敗をほのめかさないなどの要求をした。(16)

このブリーンの姿勢に対抗して、映画における表現の自由を求め、1946年にはハワード・ヒューがブリーンの監査なしに、ジェーン・ラッセル主演の『アウトロー』（Outlaw）を上映し大ヒットさせた。また裁判においても1948年に、映画業界の監査は、新規や小さい映画会社の業界参入を封じる独占であり、独占禁止法に反すると判決を受けた（US v. Paramount, 334 U.S. 131）。また1952年には、監査は憲法修正第1条に示された表現の自由に違憲であると最高裁判所で判決を受ける（Burstyn v. Wilson, 343 U.S. 495）などして、商品規制のあり方に変更を求められるようになった。翌年、ブリーンは引退し、その後を引き継いだジェフリー・シャーロックはもっと緩やかな判断を下すようになった。

1966年にMPDAAはモーション・ピクチャー・アソシエーション・オブ・アメリカ（MPAA）と新たにグループ名を変え、少しずつ映画の適正を決める判断基準を改正していった。業界自身が映画の内容の評価を決めるのは変わらな

いものの、観客の年齢に合わせて基準を決めるという分類を行うようにした。

　たとえば1968年に決められた分類では、「G」は一般観客向け、「M」は大人向けで子供には両親の判断が求められる、「R」は16歳以下は両親か保護者と一緒でなければ鑑賞できない、「X」は16才以下は鑑賞できないと分類した。1970年には、「G」が一般向け、「PG」が一般向けだが、保護者の判断も必要、「R」は17歳以下は両親や保護者の同伴が必要、「X」は17歳以下は鑑賞できないという分類に変わった。MPAAは1984年に13歳以下の子供が見るときは親の判断が望まれるという映画の内容には「PG-13」というコードを作り、映画の放映に際しては対象となる作品にはこのコードを記載することを勧めた。1990年には「X」17歳以下の子供は見ることはできない「NC-17」というコードが作られた。[17]

　しかしこのような映画業界の分類にかかわらず、地域によっては、内容がわいせつであるとか、反宗教的であるとかの判断を市民、宗教関係者、人権活動家グループなどから受けた映画もある。たとえば『ディープ・スロート』（Deep Throat）（1972年）、『ラスト・ショー』（The Last Picture Show）（1973年）、『最後の誘惑』（The Last Temptation of Christ）（1987年）などが有名である。

(5)『ブリキの太鼓』を警察がレンタルビデオ店、個人宅から回収

　また1997年に、1979年にアカデミー賞を受賞した『ブリキの太鼓』（The Tin Drum）について、その内容が子供が見るのには不適切であると考えた市民が政府に撤去を求めるという動きが起こった。オクラホマ州の地方裁判所がこの映画のいくつかの箇所にわいせつな部分があると判断したのを受け、市警察はビデオ店、図書館、ビデオを借りた人の家からもこのビデオの回収を行うという事件があった。

　この事件はもともと1997年6月に、「子供と家族のためのオクラホマ住人」というグループを主宰するボブ・アンダーソンが、キリスト教のラジオ放送のコメンテーターが「『ブリキの太鼓』はわいせつな内容を含む」と非難しているのを聞いて行動を起こしたことから始まった。このグループは子供の保護のためにわいせつな内容を含む書籍・インターネットなどを排除する非営利団体で、

1万3,000のメンバーを擁し、年間5万ドルの予算を持つ。公立図書館などに、問題のある本やビデオを取り除くように要求するなどしてきた。

アンダーソンはオクラホマ市の警察と裁判所に連絡して、『ブリキの太鼓』の内容は州のわいせつ取締法に違法したものであると主張した。意見を求められたオクラホマ郡地方裁判所のリチャード・フリーマン判事は、1997年6月25日に「単なる助言的意見」として、この映画の中で少年が十代の少女とオーラル・セックスをしたことをほのめかす場面は州のわいせつ取締法に違法であると述べた。もともと『ブリキの太鼓』は反ナチスをテーマとしたドイツの映画である。第2次世界大戦の戦時下にあって、ナチスの攻撃におびえる少年が肉体的な成長を拒否し、体は子供のまま精神だけ成長していくというストーリーであった。1979年に上映されたこの映画は、高い評価を受けアカデミー賞を受賞した。そのため広く人々に知られ、レンタルビデオ店や図書館にも置かれている作品の1つであった。

いずれにせよこの判事の助言的意見をもとに、私服の警察がオクラホマ市の6つのレンタルビデオ店と、ビデオをレンタルした2人の個人宅から『ブリキの太鼓』のビデオを回収したのである。その個人のうち1人は米国自由人権協会のオクラホマ州支部で働くマイケル・カムフォードであった。カムフォードは、保守的な団体である「子供と家族のためのオクラホマ住人」のアンダーソンが、このビデオをわいせつだと訴えたことを知り、興味を持ちビデオを借りたのであった。警察はレンタルビデオ店から彼の住所を知り、ビデオの回収にカムフォード宅に来たのである。カムフォードはビデオを警察に渡した後、すぐに米国自由人権団体にこのことを報告した。

同協会は特に2つの問題を取り上げた。1つは警察とレンタルビデオ店が憲法で保障されているプライバシーの保護に反したことである。レンタルビデオ店はカムフォードの住所を警察に知らせ、そして警察は令状もなく個人情報を取得したのである。もう1つはビデオの内容における表現の自由は憲法に保障されており、州のわいせつ取締法自体に問題があるということであった。そこで協会は、7月初めにオクラホマ市警察を相手に訴訟を起こした。

結果、1997年12月に連邦地方裁判所は、まず警察が捜査令状なしに個人情報

を得てビデオを回収した件について、警察の行為は違法であると判決を下した。またラルフ・トンプソン判事は、映画は児童ポルノではないとして、法律に定義されたわいせつには当たらないとした。この敗訴を受けて、翌年1999年3月に、オクラホマ市は和解金を支払うことを決めた。[18]

(6) ラップ音楽に対する反発

　アメリカの大学・公立図書館では音楽のCD等も貸し出しをしているが、そのコレクションについても必ずしも自由があるわけではない。その内容によっては、コレクションとして意図的に集めないこともある。特に暴力的表現や性に関するラップ音楽は、排除される傾向がある。

　1980年代から、ラップ音楽の歌詞に対して市民活動家、政治家らが警戒する声を上げ始めた。特にギャングに関する内容にモラルの低下を憂える人々が、音楽会社などに圧力をかけ始めたのである。たとえば黒人の間で広まったラップ音楽の詩が暴力的であり、黒人の青少年の育成によくないと考えた黒人女性のC・デロラス・タッカー（C. Delores Tucker）、元教育長官のウィリアム・ベネット（William Bennett）、民主党上院議員ジョゼフ・リバーマン（Joseph Lieberman）らが音楽業界にラップ音楽への規制を求めるなどの行動が見られた。たとえばギャングのラップ歌手であるスヌープ・ドギー・ドッグ（Snoop Doggy Dogg）のレコードのラベルが暴力的だとして、配給元のタイム・ワーナーにそのラベルの変更を求めた。

　ペアレンツ・ミュージック・リソース・センター（Parents Music Resource Center）は、歌詞の内容が不適当な場合、保護者に知らせるようなシステムを設立した。この団体の設立は、ティッパー・ゴア（Tipper Gore）が娘に購入した歌手プリンスの歌詞がわいせつであり子供に悪影響を及ぼすと考えたことに起因していた。彼女の団体の努力が実り、1985年に音楽関係の会社に、音楽の商品に歌詞についての注意を書いた警告ステッカーを貼ることを承認させた。しかしこれは法律ではなく、あくまで会社の自主的な協力を求めたものであった。

　また1990年代に「2Pac」として人気を博したトゥパック・アマル・シャクールのラップ音楽は、そのCDが次々にミリオンセラーになる一方で、歌詞の内

容が暴力、社会への怒りに満ちていたことから多くの非難も浴びた。警官の殺人を示唆した曲が入っていた『2Pacalypse Now』というCDもあったが、社会的に非難を浴びた。

　たとえば1992年4月にテキサス州警察官が銃で19歳の少年によって殺された際、その警察官の未亡人がシャクールと音楽会社にこのCDをめぐって訴訟を起こした。その少年が警官を殺害したとき、シャクールのこのCDを聞いていたため、それが悪影響して殺人に至ったと主張したのである。

　この事件の裁判では19歳の少年に死刑の判決が下されるか、または無期懲役の判決が下されるかが大きな焦点であった。この裁判中に少年の弁護士が刑の軽減が考慮されるように、この少年の犯罪にシャクールのラップ音楽の歌詞が大きく影響したとして、心理学者、社会学者の証言を用いたことがあった。その証言は、反社会的内容のラップ音楽が青少年の精神構造と行動に影響を与えるとしたため、全米で注目を浴びた。このことを受け、被害者の家族は少年の刑事裁判とは別に、シャクールとタイム・ワーナー傘下のレコード会社に対して、シャクールのラップ音楽が殺人の引き金となったとして訴訟を起こしたのである。また違法な行為を引き起こすような音楽については、その表現の自由は制限されるべきだと主張した。[19]

　1992年は大統領選挙の年であり、この事件は政治にも利用された部分があった。当事現職大統領であったジョージ・H・W・ブッシュ大統領とともに再選を目指していた副大統領ダン・クウェールは、このことを政治利用した1人だった。遊説先で民主党候補者ビル・クリントンを支援するこのレコード会社を批判し、暴力的な内容のラップ音楽のCDを店頭から排除することを呼びかけるなどしたのである。結局、刑事裁判では陪審員は少年へ死刑の求刑を行った。その中で、陪審員はラップ音楽だけが殺人の原因とは見なさなかったものの、少年の精神形成に影響を与えたという意見を述べている。[20]

　当時シャクールは多くのラップ音楽ファンを魅了し、映画俳優としても高い評価を得ていたが、私生活では婦女暴行などで逮捕されてもいた。1996年にはラス・ベガスで、彼の乗った車に横付けした見知らぬ車から銃弾を受け死亡した。[21]

いずれにせよラップ音楽はその歌詞の過激さから、市民活動家、政治家等からモラルの低下や暴力を煽動するとして圧力を受けた。しかし逆に、芸術に何らかの自由の制限が設けられるのを嫌うグループが、音楽の規制に対して反対の意見を述べ始めたのも事実である。たとえば1994年ごろから、ロック・アウト・センサーシップ（Rock Out Censorship）というグループやナショナル・キャンペーン・フォー・フリーダム・オブ・エクスプレション（National Campaign for Freedom of Expression）などの市民団体が、音楽の内容へ政治的圧力がかかることへの懸念の意思を表明した。

しかしラップ音楽に関連して、保守的な市民グループの圧力が止むこともなかった。ラップ音楽は若者に人気を博し、その内容を制止することは、表現の自由の原則からかなり難しかったのは事実である。実際、その後の裁判においてもツーライブクルー（2 Live Crew）のリリースしたアルバム『As Nasty as They Wanna Be』が1990年にフロリダ州ブロワード郡において内容がわいせつだという判決を受けたが、2年後に最高裁において音楽の芸術的価値として、その表現の自由が認められるなどした。

3. 反アメリカ主義、反社会に対する反応の変化

(1) J.D.サリンジャーの『ライ麦畑でつかまえて』

1951年に出版されたJ.D.サリンジャーの『ライ麦畑でつかまえて』（The Catcher in the Rye）は1960年代から子供の読む本としてはもっともふさわしくない内容だとして公立図書館から排除された書籍の1つであった。内容は高校を退学になった少年が、精神病院を出て故郷のニューヨークに帰るまでの48時間の間に、自分の精神状況を振り返り社会に対する思いを鋭くつづった話であった。

同書は出版されてからの数年は、青少年の精神の発展のあり方をつづった小説だとして大学で教材に使われるなどした。また高校の教師も『ライ麦畑でつかまえて』を国語の授業で使用するようになってきた。

図3 J.D.サリンジャーの『ライ麦畑でつかまえて』の表紙（著者撮影）

しかし1950年半ばごろから、この『ライ麦畑でつかまえて』が図書館から排斥されるようになってきた。その理由は、主人公の少年ホールデンの使う言葉が社会的に攻撃的であり、汚い表現であることが第一に挙げられた。英語の表現をあえて日本語に近いものに訳すなら「最低だ！」(hell)、「畜生！」(damn)、「くそっ！」(crap) というような言葉が800回ぐらい使われていることが、子供の読む本として不適切だと指摘されたのである。

また、ホールデンは自分の童貞に気を揉み、売春婦を買おうとする場面があり、それがわいせつであるとも指摘を受けたのである。

また1950年代はアメリカで反共主義のマッカーシズムが吹き荒れ、退廃的な言葉を使う『ライ麦畑でつかまえて』も、反共主義に関係ないにもかかわらず、共産主義を宣揚するものだとして非難された。その後は1960年代から1970年代初めまで、再び学校の教材として受け入れられ始め、図書館でも蔵書として扱われるようになったが、1970年代後半から、また排斥されるようになってきた。それ以来この本は、毎年、図書館、学校から排斥される本として上位にランキングされるようになっている。

近年、『ライ麦畑でつかまえて』が、学校の教材から排除された例を1つ挙げると、1989年のカリフォルニア州バロン市での学校区での決定がある。4,000人ほどの人口の小さな市にあるバロン高校において、シェリー・ケラーゲージという国語教師が教材の1つとして『ライ麦畑でつかまえて』を使っていた。しかし何人かの父母が同書の使用に反対して、同高校を管轄する学校区に訴えたことから世間で注目を浴びるようになった。14才の娘を持つ母親が、自分の娘が同書に出てくる言葉を友人に使っていたため、同書が子供の教育によくないと考え、高校に抗議したことが始まりであった。この抗議に対し、ケラーゲ

ージは『ライ麦畑でつかまえて』が、高校生にとって、同年代の子供たちが直面する問題をどう扱うかについて考える上で適したモラルの高い本だと主張し、本の使用の正当性を訴えた。

　しかし結局、バロン高校を管轄する学校区の委員会において投票した結果、4対1で使用禁止を決定した。反対票を投じた委員は、同書の中で使われている言葉の汚さを指摘したり、バロン市のような小さなコミュニティーにおいて波風を立てるような本は必要ないなどの理由を挙げた。

　さらに、『ライ麦畑でつかまえて』を排除した理由は、先に挙げた使われている言葉の汚さやわいせつな部分のせいだけでなく、アメリカの家族の価値観を下げる内容やキリスト教の神に対する冒涜的な論旨であるということも挙げた。[22]

(2) 学校の図書館からマルコムXを排除

　マルコムXは1960年代、イスラム教のグループのリーダーとして、黒人至上主義を唱え、その目的のためには暴力も辞さない考えを訴えた。彼は幼少のころ、白人の人種差別に強く反対していた父親を1931年に白人に殺され、一家離散するという経験をした。幼少期を親戚の家や養護施設で過ごしたマルコムXは、20代前半に強盗の罪で逮捕され、牢屋に入った。そのときイスラム教のネイション・オブ・イスラム（Nation of Islam）のリーダーであったエラジャ・ムハマッドと出会い、イスラム教に改宗する。1950年代、彼は黒人社会の分離を訴え、その目的のためには暴力も手段として肯定すると主張した。

　彼の過激な発言や暴力主義は連邦捜査官の警戒の的となるほか、マーティン・ルーサー・キング牧師など穏健な黒人運動家たちの非難も浴びた。いずれにせよマルコムXの発言は社会の中で注目され始め、彼自身もマスメディアの有効性を意識し、黒人の自立・独立を公共の場で訴えた。たとえば「憎悪が憎悪を産み出す」というタイトルのテレビ番組が1959年に放送された際も、マルコムXが白人にいかに否定的に受け止められているかが放送されたが、まさにこれは彼自身が望むところであった。後に彼はネイション・オブ・イスラムから独立したが、その後、1965年に暗殺された。

　マルコムXの自伝は、「反白人」「暴力主義」「人種差別者」を促すと見なさ

れ、多くの公立学校の図書館から排除されてきた。1974年にウェスト・ヴァージニア州カナウア郡の高校で、英語の授業で使われている教科書と教材にエルドリッジ・クリーバーとともにマルコムXの文章が使われているのに対し、両親たちが抗議活動を行った。これらの教材はキリスト教主義、家族主義にもっとも適さない暴力的・反権力的内容であると訴えたのである。両親たちはこの抗議活動によって、学期の最初の1週間は子どもたちが学校に行くことを拒んだ。これに対応して、郡の教育委員会は新しい教科書選定の規定を作り、教科書の選定基準として、個々人の子供のさまざまな意見を引き出すのではなく、アメリカへの愛国心を持つような内容の教科書を選定するとした。[23]

同様に、1993年にはフロリダ州ダバル郡の学校でマルコムXの自伝は蔵書にふさわしくないと声が上がったり、同州のジャクソンビル市で中学校の図書館から排除されるなどの事態が起こった。

アメリカにおいては、教育は地域の住人が裁量権を持つのが普通と考えられる。裁判所も、訴訟が起こっても教科書の選定基準について関与することはほとんどない。したがって住民が教科書を拒否した場合、たいていは住民の意思に沿った教科書選定が再びなされるのである。また教科書の出版社も、住民の意思に沿うような内容に合わせるのが一般的である。[24]

(3) ロバート・コーミアの『チョコレート戦争』

キリスト教系のグループも子供の本の内容に対して関心を持ち、これまでも反宗教的、反伝統的な価値観を広める内容の本には反対の声を上げてきた。ジャーナリストであったロバート・コーミア（Robert Cormier）は1974年に『チョコレート戦争』(The Chocolate War)という青少年向けの小説を発表した。

その小説はカトリック系の学校に通う生徒ジェリー・リノールトが、毎年、行われる寄付金集めに反感を抱き、参加しないという内容だった。普段、アメリカのどこの学校でも行われている寄付金集めも、根底では友達や先生という周りの環境によって自分の行動を決めている、と作者は捉え、自分自身に正直に生きる生徒の生き方を通し、既存の社会の体制に反対する生き方もあると示した内容であった。しかし同時にこの小説は、学校の体制に背いた主人公の少

年ジェリーが、学校の秘密組織から殴られて打ちのめされて終わるという悲惨な内容でもあった。それによって作者は、個人の意思を貫くことが難しい現実社会の実態も伝えようとしたのである。この小説を書いた際、いくつかの出版社はこの結末を変更するように要請したという。しかしコーミアは妥協せず、結末を変えず出すことに理解を示した出版社から出版したのである。『チョコレート戦争』以後もコーミアは、青少年向けの小説の中で、実社会の中での恐怖、権力、裏切り、死、勇気などを描いていった。

『チョコレート戦争』はスクール・ライブラリー・ジャーナルやニューヨーク・タイムズ紙で賞賛を受ける一方で、キリスト系保守派などは同書の内容が反権威的な行動を促し、また子供には不適切な言葉が使われているとして学校の読書リストからの排除を求めるなどした。彼らの抗議の影響もあり、1990年代までに、いろいろな地域の学校の図書館から排除された。

しかしコーミアはこれらの声も気にせず、反政府的な内容の小説を書き続けた。1986年のコーミアの小説『アイ・アム・ザ・チーズ』（I Am The Cheese）も反政府主義的な小説であった。過去に名前を変えられた少年が主人公で、その理由を解明していくミステリー小説である。最終的には、国民を守るべき政府が少年の両親を殺したという内容であった。大きな権力の下で無力な家族の姿が表されていただけに、政府への否定的な印象を与えずにはいられない内容であった。『アイ・アム・ザ・チーズ』はマサチューセッツ州、フロリダ州の学校区から、反体制的であり、子供の読む本としてふさわしくない本だとして図書館から排除されるなど、アメリカの多くの地で学校の読書リストや図書館から取り除かれた。[25]

コーミアらの現代小説が広く賞賛されていることに対し、1990年代には図書館は子供が読むのにふさわしい本を置くべきだという意見を持つ市民の運動が起こった。1995年、カレン・ジョー・ゴーナード（Karen Jo Gounaud）という女性童話作家は、ファミリー・フレンドリー・ライブラリー（Family Friendly Libraries）という組織をつくり、子供にふさわしくない本を公立図書館から排除する運動を展開した。[26]

このような教育に関する動きに、司法は距離を置くようにしてきた。教育は

あくまで地域の責任だと、一般に考えられていたためである。たとえば1982年、ニューヨーク州の教育委員会は反社会的だとしてある書籍を高校と中学の図書館より取り除いたことがあった。それに対し、生徒側が委員会の決定は生徒の憲法修正第1条の「表現の自由」の権利、知る権利を侵害するものだとして告訴した。最高裁判所のウイリアム・ブレナン判事は、学校の委員会は学校の教材に関して自由裁量権を持つとして、その学校の主張を支持する意見を出し、生徒側の知る権利を退ける判決を下した。ただしブレナンは、学校の決定が一部の偏った思想や政治的な考えだけからくるようなことはあってはならないとも付け加えた（Board of Education v. Pico, 457 U.S. 853）。

(4) マヤ・アンジェロウの『歌え、翔べない鳥たちよ』

　南部の貧しい家庭で生まれ育った黒人女性マヤ・アンジェロウは、3歳から子供を生むまでの17歳の自分の経験を自伝小説にし出版した。彼女の書いた『歌え、翔べない鳥たちよ』（I know Why The Caged Bird Sings）は、人種差別の残る1930年代から1940年代のアメリカ社会の恵まれない層を鋭く描き、出版とともに多くの賞賛を得た。

　小説では、両親が離婚したため少女期のマヤが兄のベイリーとともに、おばあさんの所へ移り住み、大変ななか成長していく。やがてセントルイスの母の元にもどるものの、8歳の時に母親の恋人にレイプされ、ショックで言葉が話せなくなってしまう。しかし言葉の美しさを教えてくれる良き先生と出会い、やがてまた話せるようになる。マヤは、その後も自分がレズビアンではないかと疑いつつも成長する。しかしやがて子供を身ごもり、17歳にして未婚の母になるまでのことが綴られている。

　社会の矛盾を背景に黒人女性の青少年期の葛藤と成長を描いた『歌え、翔べない鳥たちよ』は、1980年代初めに公立の学校の教材として紹介され、図書館にも蔵書として置かれるようになった。しかし1983年に、アラバマ、アリゾナ、カリフォルニア、コロラド、フロリダ、アイオワ、ルイジアナ、メイン、ミネソタ、ミシシッピー、ノース・カロライナ、オハイオ、テネシー、テキサス、ワシントンの各州で、同書を図書館から排除する声が上がった。

この本が図書館や学校のカリキュラムから排斥された理由は、若い少女が妊娠し未婚の母親となったことに対する社会的影響、レズビアンへの言及、性の描写に見られるわいせつ性、暴力的な表現等であった。しかしそれ以上に、伝統的な社会的価値観への挑戦、またモラルや宗教への攻撃とも受け取られたことが大きな理由だとも言われている。アラバマ州の教科書委員会は『歌え、翔べない鳥たちよ』を白人に対する嫌悪感を持つ本だとして、学校の教材また図書館の蔵書として拒否するなどした。また図書館のコレクションとして拒否しないまでも、教材としては取り除いたり、生徒に他の課題読書の本を選定させたりと、その地域によって対応はさまざまであった。

米国図書館協会の発表する「もっとも（排除への）挑戦を受けた本」のランクで、マヤ・アンジェロウの本は今日まで常に上位を占めている。1990年から2000年のランクでは3位を占めている。[27]

このほかにもカート・ボネガット（Kurt Vonnegut）の1968年に出版された『スレーター・ハウス・ファイブ』(Slaughter House Five)なども子供にふさわしくない内容の本だとして排除された。また、使う言葉が反社会的だとして図書館から排除された本として、世界的には名著と見なされるジョン・スタインベックの『はつかねずみと人間』などがある。

(5) 社会常識の変化

本章では、図書館における本・ビデオ・DVD・音楽CDなどで、子供の保護を理由に排除を求められた事件の背景や理由について述べた。特に、わいせつであったり、暴力的な内容や言葉であったり、反社会的または反アメリカ的だった場合、排除を求められた例が多く見られた。

なかでも、子供を持つ親から本の使用をやめるように要求されて排除された例が多々見られた。特に家族の倫理・哲学・宗教が影響を与え、学校、図書館、学校区、政府、市民団体、出版社に訴えることがほとんどであった。しかし、特定の本・ビデオ・DVD・音楽CDを排除する声を上げるのは必ずしもいつも政府当局であるわけではなく、少数の声から始まり、賛同者が現れ、政治的影響をもつようになることが多く見られた。しかし同時に、常に反対者も現れ、

そこに政治的な決着または法廷での決着が図られた例もあった。

　またその社会常識の変化、コミュニティーの考え方によって、政治的また司法の判断も大きく影響を受けてきた。たとえば時代の変化としては、1800年代には『デカメロン』『チャタレー婦人の恋人』などはわいせつだと思われていたが、現在では、わいせつとは見なされず、文学作品として見なされている。また地域差で言うなら、ニューヨーク州で賞賛を受けたメイプルソープの写真展が、オハイオ州ではわいせつだとして問題になるなど見られた。

　しかし同時に、時間や社会の変化にかかわらず、常に排除され、検閲を受ける本や作品もある。キリスト教系の保守派は、モラル低下を恐れるという理由で『ライ麦畑でつかまえて』を教材として扱うことに反対してきたし、反社会的だとして『歌え、翔べない鳥たちよ』『チョコレート戦争』を公立の図書館の蔵書から取り除くように要求するなど、過去、現在にかかわらず行動してきた。これは地域差による方が大きいということが考えられる。たとえば、伝統的な価値基準を重視する地域では、保守的な意見が強いということである。しかし逆に、地域差に関係なく米国自由人権協会のように、いかなる理由があろうとアメリカの民主主義の原理であり憲法修正第1条に定められている表現の自由を守るために、社会や環境の変化にかかわらず声を上げてきた市民グループもある。

　またフェミニストの運動の高まりから、別な面でわいせつな本や映画などに対して反対の声を上げるのも見られる。フェミニストは、ポルノが女性の価値を低くしていると反対する。フェミニストの作家アンドレ・ドウォーキンは「女性は'肉体'として見られている限り、経済的平等を得ることはできません。……ポルノは女性の経済的価値をなくさせるのです。それは女性の体への植民地化であるのです。土地となんら変わりないのです。そしてそれを持つのが男性なのです」とポルノが女性の社会的差別の原因の1つだと主張している。[28]

　いずれにせよ、賛否両論が混在するアメリカ社会の中で、わいせつ・暴力・反社会などの解釈の仕方も常に、これらの相対立する人々やグループの対立・妥協・力関係の影響を受けながら、その時々に定まっていると言っても過言ではない。

■注

⑴　憲法修正第1条「連邦議会は、国教の樹立に関し、自由な宗教活動を禁止し、言論または出版の自由、平和的に集会し、苦情の救済を求めて政府に請願する人民の権利を縮減する法律を制定してはならない」(松井茂樹著『アメリカ憲法入門』第3版、東京：有斐閣、1989年の巻末資料、p.311 より)。

⑵　Jones, Derek, ed. 2001. *Censorship: A World Encyclopedia*. 3 vols. Vol. 1. London: Fitzroy Dearborn Publishers.

⑶　Hull, Mary E. 1999. *Censorship in America*. Santa Barbara: ABC-CLIO, Inc.

⑷　Jones, Derek, ed. 2001. *Censorship: A World Encyclopedia*. 3 vols. Vol. 1. London: Fitzroy Dearborn Publishers.

⑸　Hull, Mary E. 1999. *Censorship in America*. Santa Barbara: ABC-CLIO, Inc.

⑹　全米図書館協会のホーム・ページ (http://www.ala.org/ala/oif/bannedbooksweek/bbwlinks/challengesbytype.pdf) より参照。

⑺　Jones, Derek, ed. 2001. *Censorship: A World Encyclopedia*. 3 vols. Vol. 1. London: Fitzroy Dearborn Publishers.: 257-258.

⑻　Ibid., 4:2137-2138.

⑼　Ibid., 3:1581-1582.

⑽　Greenwood, Jill King. 2001. "David" too anatomically correct for some. *Tampa Tribune*, April 25, 6.

⑾　Edinburgh yard art business told to hide nude statues. 2005. *The Associated Press*, March 30.

⑿　Marien, Mary Warner. 2002. *Photography: A Cultural History*. New York: Harry N. Abrams, Inc, Phillips, Lisa. 1999. *The American Century: Art & Culture 1950-2000*. New York: W.W. Norton & Company.

⒀　Phillips, Lisa. 1999. *The American Century: Art & Culture 1950-2000*. New York: W.W. Norton & Company.
　　Hull, Mary E. 1999. *Censorship in America*. Santa Barbara: ABC-CLIO, Inc.

⒁　Marien, Mary Warner. 2002. *Photography: A Cultural History*. New York: Harry N. Abrams, Inc, Phillips, Lisa. 1999. *The American Century: Art & Culture 1950-2000*. New York: W.W. Norton & Company.
　　Hull, Mary E. 1999. *Censorship in America*. Santa Barbara: ABC-CLIO, Inc.

⒂　Jones, Derek, ed. 2001. *Censorship: A World Encyclopedia*. 3 vols. Vol. 1. London: Fitzroy Dearborn Publishers. 2533.

⒃　Ibid.

⒄　Hull, Mary E. 1999. *Censorship in America*. Santa Barbara: ABC-CLIO, Inc. 21.

⒅　Romano, Lois. 1997. Seizure of 1979 Art Film Draws Fire. *The Washington Post*, June 30, 1.; Romano, Lois. 1997. Okla. Officials Sued for Confiscating 'Tin Drum' Video. *The Washington*

Post, July 5, 2.

Judge Calls Seizure of Film Illegal. 1997. *Chicago Sun-Tribune,* December 29, 31.

Hughes, Jay. 1998. Judge: Video not Pornographic. *Chicago Sun-Tribune,* October 22, 37.

AP. 1999. "The Tin Drum" Lawsuit Settled. *St. Louis Post-Dispatch,* March 18, 14.

[19] Bragg, Roy. 1993. Rap Trial Jury Ends 6-Day Impasse, Gives Teen Death Sentence. *The Houston Chronicle,* July 15, 1.

Phillips, Chuck. 1992. Can We Blame Rap Lyrics? *The Houston Chronicle,* September 24, 1.

Ramsey, Ross. 1993. Violent Lyrics Swayed Teen, Defense Says. *The Houston Chronicle,* June 15.

[20] Connell, Christopher. 1992. Quayle Demands That Rap Record Be Yanked. *AP,* September 22.

[21] Rasmussen, R. Kent. 1997. *Censorship.* 3 vols. Vol. 3. Pasadena: Salem Press.

[22] Mydans, Seth. 1989. In A Small Town, a Battle Over a Book. *The New York Times,* September 3, 22.

Hull, Mary E. 1999. *Censorship in America.* Santa Barbara: ABC-CLIO, Inc.

[23] Hull, Mary E. 1999. *Censorship in America.* Santa Barbara: ABC-CLIO, Inc. 11.

[24] Ibid. 12.

[25] Ibid.

[26] Ibid.

[27] Jones, Derek, ed. 2001. *Censorship: A World Encyclopedia.* 3 vols. Vol. 1. London: Fitzroy Dearborn Publishers., 1. 60.; Also see, http://www.ala.org/ala/oif/bannedbooksweek/bbwlinks/100mostfrequently.htm.

[28] Wilkerson, Isabel. 1993. Foes of Pornography and Bigotry Join Forces. *The New York Times,* March 12, 16.

第 2 章

人種・性別・宗教・マイノリティーへの理解

1. 宗教・信条差別の影響

　アメリカの「建国の父たち」は、政府が個人の信教の自由に介入することには反対し、信教の自由を憲法修正第 1 条に明記した。いわゆる政教分離の原理である。

　アメリカの公立学校で信教の自由が議論され始めたのは、1830年代、アイルランドやイタリアからカトリックを信仰する移民が増えてきたころであった。それまで公立学校ではプロテスタントの祈りの時間が設けられ、聖書の言葉を覚えるのが普通だった。しかし、カトリック系の親たちは、公立学校での祈りの時間を憲法で保障されている政教分離の原則に反していると拒否したのである。つまり、国民の税金で成り立つ公立学校が、ある特定の宗教のみを擁護して、他の宗教、特に社会的少数派の人々の信教の自由を奪ってはならないと主張したのである。

　もともとアメリカでは政教分離の原則によって宗教が否定されたわけではなく、すべての信教・思想の自由を守るために、この原理が作られた訳であり、現実の上では、多くのアメリカ人の間では宗教的倫理観は子供が学ぶべき重要な徳目として考えられてきた。したがって、歴史的に見ると信仰心のあるアメリカ人のコミュニティーの中で、政教分離の原則に反しないようにしつつも、宗教を学校教育にいかに反映すべきなのかが模索されてきたといえる。特に宗教の教義と相反すると考えられる教科が学校で教えられた場合、子供の親たちは反対の声を上げ、学校区に、その教科の変更を求めるなどした。

また国全体としても、19世紀には1873年の連邦反わいせつ法（Federal Anti-Obscenity Act）（通称コムストック法）によって、外国から送られてくる反宗教的な本の輸入を取り締まるなどした。しかしその中には、世界文学であるボルテールやトルストイの作品なども含まれていた。

たとえば、ボルテールの『キャンディード』（Candide）もアメリカでは輸入が制限されていた。『キャンディード』は、1759年にボルテールが匿名の下、ジェノバで出版した作品である。内容は、宗教の不寛容、腐敗、聖職者の自己満足をこっけいにブラック・ユーモアをこめてつづった物語であった。そのため、出版されてまずフランスで、宗教的権威から不謹慎ということで禁書とされた。ボルテールの書籍は長い間、カトリック教の禁書のリストに載せられていたが、アメリカでは1944年ごろまで、郵政局の監督下において取り締まりの対象の書籍であった。

現代でもアメリカの中には、キリスト教を根本としたモラル観から、社会の不道徳に対して声を上げる市民グループが多くある。たとえばフォーカス・オン・ファミリー（Focus on the Family）、ファミリー・リサーチ・カウンシル（Family Research Council）、ファミリー・フレンドリー・ライブラリー（Family Friendly Libraries）などである。

フォーカス・オン・ファミリーは1977年にジェームズ・ドブソン（James Dobson）によって設立され、ラジオや雑誌などを通し、家族・宗教・生命の尊厳などを訴え、中絶や同性結婚の反対などを訴えている。そして学校の教育に関しても、子供に暴力的な内容、わいせつな内容などを含む書籍等の排除を求めている。

ファミリー・リサーチ・カウンシルは、一神教であるユダヤ教、キリスト教共通の考え方に基づく家族の健全なあり方をめざす団体である。公立学校での宗教の祈りの時間を設けたり、節制を重んじる性教育を重要だと主張している。

ファミリー・フレンドリー・ライブラリーは、カレン・ゴーナードによって1995年に設立されたグループである。親が子供にふさわしくない本を選択するのではなく、図書館員が正しい本を選択していかなくてはならないという考えを持ち、市民や図書館員にその啓蒙の活動をしている。特に同性愛者の結婚に

反対し、伝統的な男女間の結婚が正しいことだとする考えや意見を支持し、主張する。また両親への尊敬など伝統的な価値観を子供に教え、それ相応の本を選択しなくてはならないと考える。その意味でこのグループは、米国図書館協会の絶対的な表現の自由・読む権利の方針には真っ向から反対する。[1]

このほかにもクリスチャン・アクション・ネットワーク（Christian Action Network）やシチズン・フォー・エクセレンス・イン・エジュケーション（Citizens for Excellence in Education）という草の根グループがあり、同性愛や性教育について反対したり、保守的な考えを推進したりしている。また、連邦政府の教育省を廃止し、もっと州やコミュニティーに教育の権利を委ねることを訴えるなどしている。

これらの保守的な団体は、学校で使われる教科書や教材について、伝統的な家族観を重視した保守的な内容を求める。そしてコミュニティーの基準で子供にふさわしくない内容のものは図書館では限定された場所に置き、両親の了解を得て貸し出しできるようにしたり、または授業のカリキュラムや図書館の蔵書から取り除くことを求めたりしている。

リベラルな市民団体も、保守とは異なる角度で学校教育に関して声を上げてきた。たとえば全米生物教師協会（The National Association of Biology Teachers）や科学向上米国協会（The American Association for the Advancement of Science）などは、ダーウィンの『種の起源』を科学に基づいた理論として学校で教えることを進めてきた。[2] このほかにも全米有色人地位向上協会（The National Association for the Advancement of Colored People）は、授業で使われる教材が人種差別を助長しないように訴えてきた。また人種ばかりでなく性別による差別、社会的マイノリティーへの差別観を持つような教科書・教材の撤廃を求めるなどしてきた。

しかし、これら保守・リベラルな団体の要求の内容によっては、憲法に明記されている表現の自由の侵害だと見られるケースもあった。それに対し米国図書館協会や米国自由人権協会は、基本的人権として表現・思想・信教の自由や知る権利を人々は本然的に保持しており、いかなる人・団体・政府も、それに介入すべきではないと主張してきた。そして本への規制を撤廃し、表現の自由や知る権利などを個人が侵害された場合、その権利の回復を支援するなどしてきた。

本章では本の中に出てくる人種・性別・宗教・マイノリティーの描写が問題視され、表現の自由、知る権利が制限された例を挙げ、なぜこれらの権利がアメリカで制限されたのか、また本を制限された学校や図書館はどう対応したのかを考察する。

2. 公立学校の図書館での自由

(1)『ハリー・ポッター』の魔法は邪教？

2005年7月16日に入った真夜中の時間、ロサンゼルスの本屋では新しい『ハリー・ポッター』のシリーズを待つ人々であふれかえっていた。新聞もテレビもこの人々の様子を報道し、いかに『ハリー・ポッター』が人々の心を捉えたかを伝えていた。言うまでもなく、この時点で世界中で2億7,000万冊を売り上げた『ハリー・ポッター』はアメリカの子供たちにも人気を博し、本離れした子供に活字の楽しさを教えたとして多くの人々の賞賛を得ている。[3]

ところがこれまでに、『ハリー・ポッター』が、アメリカの学校のリーディングの教材としてふさわしくないと抗議を受け排除され、学校の図書館から取り除かれたことがある。米国図書館協会の調べによると、現在でも『ハリー・ポッター』は、1990年から2000年までに学校・図書館から排除するように要求があった本の中で第7位にランクされている。しかも初めて同書の排除の要求があったのが1999年であることを鑑みると、アメリカ各地で急激に抗議数が増加し、2年間で同ランクの7位にまでなったのである。

これはキリスト教保守派のグループが、『ハリー・ポッター』の主題である魔法が、キリスト教の神への信仰を迷わせる邪教であると主張したことに端を発していた。1999年末にミシガン州ジーランド市において、学校区が『ハリー・ポッター』を同区の学校図書館から排除することを命じた。11月22日の筆記記録によると、同学校区の教育長ゲリー・フィーンストラは『ハリー・ポッター』は魔法使いの少年の空想話であり、図書館に蔵書として置くべきではないし、

読み書きの時間に朗読すべきではないと主張した。また今後、同書のシリーズを購入しないと述べた。フィーンストラは、3つの学校の両親から同書に対して排除の要望を受けたと説明した。[4]

　この決定に関しては賛否両論があった。ジーランド市の決定に賛成する声としては、ファミリー・フレンドリー・ライブラリーのカレン・ゴーナードがいた。ゴーナードは『ハリー・ポッター』が娯楽として魔法を使うことを主題としており、結果としてオカルト宗教の宣伝になると述べた。ただしゴーナードにしてもジーランド市の決定のすべてに賛成なのではなく、授業内の朗読の教材としてはふさわしくないものの、図書館に蔵書として置くことと保護者の許可がある限り貸し出しも問題ないとした。

　これに対し、米国図書館協会や米国自由人権協会が、同学校区の教育委員長トム・ボックに、憲法修正第1条の表現の自由に反する行為であると書面で通達した。また、『ハリー・ポッター』の排除に反対する教員40人が学校区に署名を提出した。

　2000年2月の学校区の会合では、この問題がこの日の議題でなかったのにもかかわらず、約100人の傍聴者の半分以上が教育委員長の決定に反対の声を上げた。その後も『ハリー・ポッター』を教材に使うことに賛成する人々は増え続け、署名活動や学校区の決定に対しての抗議の声が増え続け、結局、ジーランドの学校区は当初の決定を撤回するに至った。[5]

　しかし、ミシガン州ジーランド市の学校区のような動きは、その後も全米の至るところで見られ、2000年9月ぐらいになるとテキサス、サウス・カロライナ、イリノイの各州の学校区でも『ハリー・ポッター』の排除が見られるようになった。

　特にこの背景となったのは、キリスト教の宗教者や民間のキリスト教保守派のグループであるアメリカン・ファミリー・アソシエー

図4　『ハリー・ポッター』シリーズの表紙（著者撮影）

ション、フォーカス・オン・ザ・ファミリーなどが、『ハリー・ポッター』は魔法を子供に信じ込ませる悪魔的な役割を果たすことに懸念の声を上げたことだった。これらのグループは、『ハリー・ポッター』は魔法を信じる邪教と位置づけたのである。

　たとえばペンシルバニア州のヨーク市では地域のキリスト教牧師がイースタン・ヨーク学校区から『ハリー・ポッター』を排除するように訴えかけた。同書を反対する保護者は、『ハリー・ポッター』が魔法を教唆する邪教であり、子供の信教の自由のために、学校での同書の使用に反対する等の抗議を行った。しかし、最終的には学校区の投票では7対2で、同書の使用を引き続き認める決定をした。また、ニュー・メキシコ州では2001年12月30日にキリスト・コミュニティー教会において、『ハリー・ポッター』の本、ビデオ、DVD、さらには同書のロゴや情報の掲載されている雑誌等をたいまつで焼却するイベントを行うなどした。

　いずれにせよ、『ハリー・ポッター』は全米でも絶大な売り上げを持つ一方で、宗教的な異端、邪教として扱われ、その本を学校で使用することに反対する市民グループも見られるということである。

(2) ダーウィンの進化論「モンキー裁判」――反キリスト教的

　20世紀初めにアメリカで宗教と科学的思考が対立した例は、1925年の「モンキー裁判」として有名なスコープ事件であった。これは、高校の生物学教師がチャールズ・ダーウィンの進化論を教えたと告白したことに端を発した事件であった。サルが進化して人間になったとするダーウィンの学説は、神が人間を造ったというキリスト教の天地創造説と相反するため、キリスト教社会では受け容れられ難い考えであった。実際ほんの2、30年前までは、いくつかの州の法律や行

図5　1925年テネシー州におけるモンキー裁判
(出典：Smithsonian Institution Archive, Record Unit 7091#2005-26202)

第 2 章　人種・性別・宗教・マイノリティーへの理解　37

政のレベルでダーウィンの進化論を教えることは禁じられていた。

　アメリカの社会状況としては、1920年代にキリスト教の原理主義が台頭し始め、1859年に出版されたチャールズ・ダーウィンの『種の起源』の考えを学校教育の場から排除する動きが出始めた。そのような中、1914年に、ジョージ・ハンターの書いた『市民の生物学』（Civic Biology）という生物学の教科書にダーウィンの進化論が紹介された。ウッドロー・ウイルソン大統領の下で国務長官でもあったウイリアム・ジェニング・ブライアンらは、社会的には革新主義、宗教的には保守主義を唱え、社会機構の改革と個人の魂の救済によって社会を向上させようと考えた。そして、キリスト教の教理に反する進化論を学校で教えることは無神論者を生み出すと考えた。

図6　ジョン・スコープの肖像
（出典：Smithsonian Institution Archive, Record Unit 7091#2005-33522）

　ブライアンに代表されるキリスト教原理主義者たちは1920年代に、進化論を教えることを禁じる法律を各州に作るように運動し始めた。(6) 1922年にはケンタッキー州とサウス・カロライナ州において反進化論の法律案が初めて論議されたが、当初、この2つの州では州議会で法律としては通過しなかった。しかし翌年の1923年には、ブライアンの尽力もあり、オクラホマ州で反進化論の教科書のみを使うことを支持した法律が成立し、続いてフロリダ州でも同様の法律が成立した。

　テネシー州でも1925年のバトラー法（Butler Act）と呼ばれる反進化論法が成立し、進化論を授業で教えることを禁じた。この法律では聖書が示しているところの人類の創造の話を否定する理論を学校で教えることを禁止したのである。ある意味でこのような反進化論の法律は、モラルの向上を狙ったシンボル的な立法の意味合いが強かった。

　しかしこのようなキリスト教原理主義の動きが、憲法における表現・思想の自由に危機をもたらすと考えた米国自由人権協会は、このバトラー法の違憲性

を世の中に知らしめる必要があると考えた。そこでテネシー州のチャタヌーガ・デイリー・タイムズという地方紙に、このバトラー法の違憲性を法廷で争うことに協力する教師を探しているという内容の広告を出した。

それに応じて、テネシー州デイトン市のテネシー炭鉱会社で働くジョージ・ラッペルイアという人物が、この裁判が市の経済効果を上げるのではないかと考え、協会の広告に応じた。つまり、進化論を争う「モンキー裁判」は全米の注目を浴び、この裁判の期間中に観光客が押し寄せてくると考えたのである。そこでラッペルイアと市の経済人が、この裁判に協力できる人物として生物の授業で進化論を紹介している『市民の生物学』という教科書を使っていたジョン・スコープを選び、本人を説得し、世の中にスコープが違法行為をしたことを宣言したのである。

結果、スコープは進化論を教えたという罪で州法によって罰せられるというところまでこの事件は発展していった。これに対してスコープは、米国自由人権協会の支援を受けて、裁判所に反進化論法は憲法における表現・思想の自由を侵害するものだとして訴訟を起こした。裁判では検察側にブライアンが立ち、宗教的立場を公的学校の教科書に盛り込むことに反対してきた弁護士のクレアレンス・ダーロウら4人がスコープの弁護に立った。[7]

しかし、裁判の判決ではスコープは有罪とされ、100ドルの罰金を科せられた。この裁判はラジオの生中継で全米に放送され、検察側のブライアンと被告弁護側のダーロウの進化論と創世記のやり取りは、強く人々の興味を引いた。

検察側は当初、創世記が科学的であるかの議論を避け、単にバトラー法の文面に基づいてスコープの行為が違法であるかどうかだけを論議する方向に向けようとした。しかし弁護側はあっさりと、バトラー法に基づけばスコープの行為は違法であることを認めた。その上で、バトラー法が憲法に照らして違憲であるかどうかを証明することに争点を向けたのである。このスコープの裁判は、進化論がユダヤ教・キリスト教の創世記に関する宗教的教義に反するという理由で、学校で教えることを禁じられるかどうかを争った初めての例であった。

進化論を教えれらるかどうかは、その後も大きくアメリカ社会の中で取り上げられてきた。しかし1960年代後半にはアメリカの社会でも、天地創造説は宗

教的教義であると割り切って、科学である進化論を生物学の授業で教えることを認め始めてきた。

進化論が司法で認められた例として、1968年、アーカンソー州の生物学教師が授業でダーウィンの進化論を教えた際の裁判がある。当時、アーカンソー州の法律では進化論を教えることは禁じられていた。そこでその教師は州法が「表現の自由」を定めた憲法修正第1条に違憲であるとして訴訟を起こした。結果、最高裁判所では教師側の主張を支持し、アーカンソーの州法が違憲であるとの判決を下した。[8]

最高裁判所のエイブ・フォーテス判事は主文の中で、学校教育の内容の決定は州や地方の行政の権限にあることを認めつつも、「表現の自由」という憲法で定められた基本的権利を何人も侵害することはできないと述べた。また主文の中でフォーテスは、学校側は教育の内容に宗教的教義を教え込もうとして政教分離の原則に反している旨の意見を述べた。

同様に、1981年に最高裁判所はカリフォルニア州の天地創造説支持者の主張を斥けた。原告は進化論を学校の教室で教えることは、本人と子供の信教の自由の権利を妨げるものであると主張したのであった。だが見方を変えれば1980年代までに天地創造説を支持し、進化論を否定する法律がアメリカの各地であったこと自体、いかにキリスト教が地域社会に根づいていたかを示すことでもある。

特に中西部や南部では、進化論を否定する法律は長い間、支持されてきた。1987年にも、進化論を教える学校で天地創造説を進化論と同等に教えなくてはならないというルイジアナ州の法律は、一定の宗教を政府が支持することになり違憲であるという判断を裁判所が示した例がある。天地創造説に立つ教師側は判決を不服として控訴したが、1990年に教師側の主張は裁判によって斥けられた。この裁判では、学校区が進化論をカリキュラムに入れることによって教師の思想の自由を侵害していると教師側は主張したが、第7控訴裁判所は教師に保障された憲法の思想・信教の自由を侵害されているとはいえないと判断した。

また、1990年半ばからルイジアナ州のタンギパホア郡では政令で、進化論を教える際に、進化論は理論であり事実ではないという内容の注意書きを読み上げなければならないとした。その後1997年に地方裁判所は、この政令は違憲で

図7　チャールズ・ダーウィンの肖像
（出典：Library of Congress Prints and Photographs Division）

あると判断した。[9]

(3) 天地創造説は科学か、もしくは宗教の教義か

1990年代になると、裁判でも進化論を否定する法律や条例は、表現の自由・知る権利を侵害しているとして次々に違憲判決が下された。しかし、キリスト教保守系のグループはあくまで、進化論はキリスト教の教義に反する異端の考えとして学校教育で進化論が教えられるのに反発した。

そこでキリスト教のグループは、進化論が学校で教えられるのなら、天地創造説も同様に教えられるべきだと主張するようになった。彼らは全米21の州にわたって、聖書の『創世記』など天地創造説を進化論と同等に同じ時間だけ教育することを求める運動を展開していった。そして遂にアーカンソー州において州議会を動かし、1981年、「同時間法」（equal-time law）という法律を制定させ、天地創造説が正式に学校で教えられることを法制化するに至ったのである。しかし、天地創造説は授業でのカリキュラムとしてふさわしくないという反対の声も上がり、「第2次スコープ事件」と呼ばれる議論を巻き起こした。結局、反対者の声が通り、1年後、この州法は破棄されたのである。[10]

天地創造説は、神によって人類が現在の人間の姿として地上6日目に創造され誕生したと信じるため、原始的な種から人間が進化した進化論は誤りであると見る。また、すべての生命はある役割と目的をもって神によって造られたと信じる。そして、聖書は天地創造やその他の出来事を正確につづった歴史であると主張する。このため進化論は、反キリスト教的、また神への冒涜であると主張したのである。たとえば、創造研究インスティチュート（The Institute for Creation Research）の設立者ヘンリー・モリス（Henry Morris）などがこの立場に立ち、進化論を否定した。

これまで天地創造説を支持する人々は必ずしも裁判で勝利を収めてはいないものの、政治的に働きかけることをやめることはなかった。たとえば教育委員会の役職につく者が天地創造説の支持者である場合、進化論を教える教師に圧力をかけることがあった。

　1992年カリフォルニア州ヴィスタ市において、創造研究インスティチュートの会計をしていたメンバーが、市の教育委員会の委員に選出された。このメンバーは教師に天地創造説の内容をつづった『パンダと人々について』（Of Pandas and People）という本を科学の教科書として使用することを提案したが、公立学校の教師たちはこの本を使用することを拒否した。それに対し、この教育委員会のメンバーは、今度は進化論の理論的弱点を授業で教えることを提唱し始めた。しかしこの案も強く反対され、結局この委員会のメンバーは解職され、天地創造説が教えられることはなかった。[11]

　また1995年には、アラバマ州において州の教育委員会が6対1の投票で生物の教科書に但し書きを添えることを決定した。この内容はイーグル・フォーラム（Eagle Forum）という保守のグループが考えたもので、教科書で述べられている進化論はすべての科学者が支持しているわけではなく、地上に生命が誕生したときのことを見た人がいるわけでもないため、生命の起源は事実ではなく理論として扱われるべきであるというものであった。同州の知事だったフォブ・ジェームズも天地創造説の立場に立ち、人類の始まりを知りたければ、『創世記』を読むべきであると主張した。[12]

　同様に1996年、ジョージア州ホール郡の教育委員会が科学のカリキュラムに天地創造説の説明を加えることを了承した。しかしこの決定は同州の司法長官の勧告により違憲性があることを指摘され、後にその決定を覆している。

　また同年、テネシー州の上院ならびに下院の教育委員会において、進化論を事実として教える教師、つまりキリスト教の創世記を暗に否定する教師を解雇することを認めた法案を議会に提案することを決定した。上院の修正案では進化論を、世の中の生物を生み出した超越した力に対して証明されていない信念と位置づけて進化論を否定した。この州議会の動きに対して、州司法長官が同案が連邦憲法に違反するという勧告をしたのにもかかわらず、ジョージア州議

会では数か月にわたり議論が続けられた。つまり、公職である議員の間でも、天地創造説を正しいとする考えを持ち、それを学校教育に反映させるべきだと考える人が少なからずいたのである。しかし結局、議会のめざす方向性が憲法に違反する可能性があるという結論に至り、法案は破棄されたのである。[13]

いずれにせよ、天地創造説を信奉する人々にとって、地方政治への働きかけも必ずしも成功しているわけではない。しかし、宗教的な信念から、政治への働きかけがやむことはないと思われる。

実際、天地創造説を科学として証明することによって、進化論とともに教室で教材として教えられることを望む声があるのも事実である。まさに『パンダと人々について』という本を教科書として使用するよう運動していることもその一環である。しかし、この本の評価は多くの科学者からは、科学的な分析がなされていないと酷評されているのが現実である。

ところで、この天地創造説と進化論の問題は20世紀で決着した過去の事件ではなく、現在でもアメリカの学校では教科として教えるべきかが議論されている話題である。2005年8月1日にブッシュ大統領は、テキサス州からのジャーナリストたちとの会見の中で、「知性的計画」(intelligent design) も進化論同様に公立学校で教えられるべきだと発言している。知性的計画説は天地創造説のように創造主として神を前面に出すことはないものの、人知を超えた智慧によって人間は造られたとする考え方で、基本的には、天地創造説を唱える人々が言い回しを変えて主張した説であった。この考え方は、全米の20州の公立学校区で支持を得ている。

いずれにせよブッシュは「（進化論と知性的計画説の）どちらも適切に教えられるべきだと考えます」と、ジャーナリストの質問に答えている。ブッシュ自身は進化論より知性的計画説（つまり天地創造説）を信じているのかという質問には、直接的には答えず、「人々が異なった考えを教えられるべきかどうかということを尋ねているのでしたら、それは『イエス』ということです」とごまかした。この発言に関しては、天地創造説を支持する人々は、大統領が公立学校で天地創造説を教えることを支持していると受け取った。それに対して天地創造説が非科学的と言う人々は、大統領の発言を無責任だと非難したのである。[14]

ちなみに大統領の科学分野における顧問ジョン・マーバーガーが大統領の発言には深い意味がないとして、「進化論は現代生物学の基礎です」と述べ「知性的計画説は科学的な概念ではありません」と一蹴した。しかしこの出来事自体、天地創造説を科学として公立学校で教えようとする動きがいかに根強いものであるのかを物語っている。

(4) 「非宗教的な人権主義は宗教」——アラバマ州の公立学校

1987年にアラバマ州モービル市の連邦地方裁判所は、アラバマ州の公立学校に使われている教科書40冊が「非宗教的な人権主義」を広めるものだとして、それらの教科書を学校の教材として使うことを禁じる判決を下した。

これはもともとキリスト教原理主義の600人以上の人々が、公立学校で使われている教科書がキリスト教の原理に反していると考え、訴訟を起こしたことから始まった。たとえば、家政学の教科書に記された家族のあり方が機械的でキリスト教の宗教的理想から反したものであるとか、科学で扱う人の死の概念もペットや植物同様に扱われ神の重要性がないとして、これらの教科書を使って教えることは、キリスト教の信教の自由を妨害すると主張したのである。

キリスト教原理主義の親たちは、非宗教的な人権主義に基づいたこれらの教科書は、その「非宗教的な人権主義」という1つの信念体系、つまり非宗教という「宗教」を教えていると主張したのである。そして1つの信念体系である「非宗教的な人権主義」という「宗教」を子供に教えることは、憲法修正第1条に記された政教分離と信教の自由に反した行為であると訴えたのである。キリスト教のジェリー・フォルウェル牧師は非宗教的な人権主義は、中絶を認めたり、ホモセクシャルを認めたり、ポルノの使用を認めたりするなど、「悪魔的な影響力」があると述べるなどした。[15]

連邦地方裁判所のW・ブレナード・ハンド判事は原告の主張を支持し、これら40冊の教科書は「非宗教的な人権主義」という「宗教」を教えるもであると判断したのである。ハンド判事は、これらの教科書をすべての宗教を扱う比較宗教論の授業の中での参考資料とすることは認めたものの、問題となった社会、歴史、家政学などの教科書は州の推薦教科書のリストから取り除くことを命じ

た。「非宗教的な人権主義」という「宗教」について、ハンド判事は、「この『宗教』のもっとも重要な信念は、超越したものや超自然的なもの、もしくは両方ともを否定するということである。つまり神、創造者、神聖を含まない」ところのものだと指摘した。[16]

この判決に対し、米国自由人権協会と表現の自由を広める市民団体のピープル・フォー・アメリカン・ウェイ（People for the American Way）というグループが裁判所の判決に反対の意思を表明した。これらのグループは、キリスト教原理主義者が教育の場に彼らの価値観を押しつけるものだと批判した。ピープル・フォー・アメリカン・ウェイのジョン・ブキャナンは、この判決が司法による禁書の行為であり、連邦裁判所が公立学校のカリキュラムに介入したと批判した。またアラバマ州政府当局はこの判決を不服として控訴することを決定した。

そして同年 8 月には、シンシナティにある連邦控訴裁判所において教科書問題が取り上げられ、地方裁判所の判決は覆された。この裁判では、先に排除された本が「非宗教的な人権主義」というような宗教性を持たない判断した。その上でこれらの本が教科書としてふさわしいもので、寛容と自尊心という価値を育むものであるとの意見を示した。裁判ではトーマス・クラーク、ジョー・イートン、フランク・ジョンソンの 3 人の判事の全会一致の意見で、これらの教科書が伝統的な宗教に反する内容ではないと述べた。[17]

いずれにせよ、この進化論と天地創造説に関連した事例はアメリカ社会にとって、特に保守の基盤が強い中西部や南部にとっては過去の話ではないことを示した。表現の自由・知る権利は憲法で保障された当然の権利ではあるものの、地方自治の強いアメリカでは、地域の思想基盤に合わなければ、それを排除しようとする動きは現代でもあるということである。

図8 ウィリアム・シェークスピアの肖像
（出典：Library of Congress Prints and Photographs Division）

3．人種差別への影響

(1) シェークスピアの『ヴェニスの商人』はユダヤ人差別

　シェークスピアの『ヴェニスの商人』は言うまでもなく世界的な名著であり、喜劇として長い間、世界中で親しまれてきた。しかし歴史的に見ても、常にその内容からユダヤ人への差別を煽るとして、同時に非難も浴びてきたのである。アメリカにおいても同様に、ユダヤ人社会から『ヴェニスの商人』は批判を浴び、地域によっては図書館や学校の教材から排除するように求められてきた。

　『ヴェニスの商人』は、友人ベラーシオの借金の保証人になったアントニオが、金貸しのユダヤ人シャイロックに、もし期限までに借金を返済しなければ、自分の体の肉 1 ポンドを渡すという契約を交わす話である。ベラーシオは借金を期限までに返済できず、アントニオは法廷に引き渡される。そこに駆けつけたベラーシオの妻となったポーシアが法学者に変装して、法廷においてシャイロックに対して、契約どおりにアントニオの肉 1 ポンドを切ってもいいが、血の一滴も流さず肉を切り取らなくてはならないと言い渡すのである。当然、血一滴も流さず体を切ることはできないため、シャイロックはあきらめて法廷を去ろうとする。そこに追い討ちをかけてヴェニスの法律で、他者に生命の危機を与えたことでシャイロックは罰せられ、キリスト教に改宗させられるのである。

　この物語の中ではシャイロックは金貸しのいやらしい男として描かれ、彼の言葉からはキリスト教を蔑む台詞が発せられ、アントニオや他の人物たちからはユダヤ教に対して軽蔑的な台詞が発せられる。またシャイロックの娘もキリスト教の青年と恋をして、キリスト教に改宗することを喜び、先に述べたようにシャイロックも改宗させられてしまうのである。この意味において、この物

語はユダヤ人に対して、非常に侮蔑的な内容であった。

　これは、シェイクスピア自身があまりユダヤ人を知らなかったことも要因にあるとされている。つまり、イギリスではエドワード1世の勅令によって1290年から17世紀半ばまでユダヤ人は国外に追放されており、シェイクスピアはユダヤ人に対する知識はあまりなかったと言われている。実際は少数のユダヤ人の居住者はいたとされるが、『ヴェニスの商人』が書かれた1595年には、シェイクスピアの周りにはほとんどいなかったのではないかとされる。そこにユダヤ教に対する差別感が含まれたということである。

　いずれにせよ、『ヴェニスの商人』は賞賛されると同時に、ユダヤ人差別だとして舞台を取りやめるなどの事態が世界中で見られた。1913年にはアメリカで反中傷連盟（Anti Defamation League）が設立され、あらゆる差別に反対したが、同連盟は各州の教育長に『ヴェニスの商人』が学校の舞台劇として使われることに反対する手紙を送ったりした。その中で「シャイロックがすべてのユダヤ人の典型であるような誤った見方をされる」と記し、ユダヤ人に対して悪意や憎悪をもたらす不幸な象徴だと述べている。[18]

　一般のシアターなどでは純粋に古典喜劇としてシェイクスピアを公開することがあっても、学校では徐々に取りやめられるなどした。1979年にはミシガン州のミッドランド市の学校が『ヴェニスの商人』を学校の舞台劇としては、正式に取りやめたことなどは有名な例である。アメリカだけでなくカナダなどでも、1994年にオンタリオのいくつかの学校区で『ヴェニスの商人』を教材として禁じたり、上級生だけに制限したりした。[19]

(2) ネオ・ナチの「表現の自由」

　1978年にイリノイ州スコキエ市においてネオ・ナチのグループであるアメリカ国家社会主義党（The National Socialist Party of America）が、ホロコーストの生き残りの人々も含めユダヤ系住人が多いスコキエの町の中心部でデモをする計画を持った。これに対しスコキエ市は新しく3つの条例を作り、ネオ・ナチのパレードと集会の許可を拒否した。その条例は第1にパレードと集会には市の許可が必要であること、集会における器物毀損の損害賠償の保険に加入するこ

と、第2に人種・宗教差別を記した出版物の配布を禁じること、第3に政治的なリーダーが軍服を来て行進することを禁じることである。

同グループは、ナチの軍服に似たユニフォームでデモ行進をするとしたことから、スコキエでの集会の許可が下りなかった。それに対して、ネオ・ナチのリーダーであるフランク・コリンが米国自由人権協会の支援を受けて、憲法修正第1条の「表現の自由」を盾に、いかなる市民も表現の自由は保障されており、市の条例を不当だとして告訴したのである。

図9 ヴァージニア州でのクー・クラックス・クランの行進
(出典：Library of Congress Prints and Photographs Division)

この裁判において連邦地方裁判所は、ネオ・ナチに、修正第1条の下に集会の自由があるとの判断を下した（Smith v. Collin, 439 U.S. 916）。これを受けて、スコキエ市政府当局は控訴したものの、州最高裁判所においてもネオ・ナチの主張が認められた。最後には連邦最高裁判所まで裁判は進んだのだが、最高裁判所はこの事件を審議することを拒否して、結果的に州最高裁判所の判決を支持したため結審した。このとき唯一、反対意見を述べたハリー・ブラックマム判事は、憲法の表現・集会の自由は重要だとしつつも、第2次世界大戦の経験より、ネオ・ナチの集会を認めることで起こりうる負担は大きく、裁判所がその地域の住民の意思に反してまで判断することはできないと述べた。[20]

この判決は、表現の自由は絶対であると確認したものの、社会的にはほとんどの人が受け入れない表現も受け入れた極端な例であった。

しかしその後の裁判では、表現の自由について異なった見解を出す場合も見られた。たとえば1993年の最高裁判決では、人種差別主義者の差別的発言は思想の自由によっては保護されないとの見解を出している。この事件は、ウィスコンシン州の憎悪による犯罪を取り締まる法律によって逮捕された男性が、この法律は憲法修正第1条に保障された思想の自由を侵害するものであり違憲であると告訴したことに始まった。

だが連邦最高裁判所のウィリアム・レンキスト裁判長は、ある人の発した言動が他人の財産や生命を危険におとしめるような状況において、憲法の修正第1条にある思想の自由によってその言論が保護されることはないという見解を示した。この事件の場合、言論・思想の自由はどの人々にも認められるものの、実際に他人に脅威を与えている場合は、それを取り締まる州の法律が憲法に違反することはないということが確認されたのである（Wisconsin v. Mitchell, 508 U.S. 476）。

　だが、この裁判によって人種差別主義者の言論・集会の自由が完全に制限されたわけではない。その後も憲法に保障された表現の自由が、人種差別主義者の言動に適用されるかは常に議論されてきた。これはネオ・ナチばかりでなく、白人至上主義のグループであるクー・クラックス・クランについても言えることである。1920年代には500万人ものメンバーを擁していたクー・クラックス・クランは60年代の公民権運動の時代まで人種差別とリンチでマイノリティーを恐怖に陥れてきた。その後も、規模は小さくなりながらも組織としては存在し続けた。

　1998年にテキサス州ヤスパー市で、黒人ジェームズ・バードが白人至上主義者にトラックにロープでつながれ、生きたまま引きずられ殺害されるという凄惨な事件が起きた。現代においても白人至上主義者たちが活動していることを世の中に知らしめたのである。

　そして21世紀に入ってからも、白人至上主義者の表現の自由が認められるかという議論が再び起こった。2001年には住民の85％が黒人であるインディアナ州ゲリー市において、クー・クラックス・クランがデモ行進の許可を市に申請した。その際、市長スコット・キングは、市は許可を出さないことを明言した。しかし、それに対してクー・クラックス・クランのリーダーであるジェフ・ベリーは、「われわれは憲法に保障された集会の権利を持つし、もし権利を行使しなければ、それ（権利）を失うだけなのだ」と、どのような個人も憲法により集会の自由が保障されていると主張した。また、全米自由人権協会の支局であるインディアナ自由人権協会も、「市は適当な時間、場所の制限を加える権利はあるが、クー・クラックス・クランのメンバーは抗議をする権利を持つ」とし

て、クー・クラックス・クランにも表現の自由は保障されていると同グループの主張に賛同したのである。[21]

(3) 大学におけるスピーチの自由

1980年代から1990年代にかけて、人種・宗教・性別などの偏見からくる差別を不当なことであるとの考えを広める「政治的公正運動」と呼ばれる運動がアメリカの大学を中心に広まっていった。各大学では独自のルールを定めて、人種・性別・宗教等に差別的な発言をする者を罰する体制を作り上げていった。1991年、ブラウン大学において男子学生が人種差別・同性愛者差別・反ユダヤ人のスピーチを行った。この学生のスピーチは大学の反差別を決めたルールに反するもので、反差別のスピーチによって同学生は全米で初めて退学処分となった。

しかし、スピーチが大学の法規で罰せられても、憲法の表現の自由という権利が奪われてはならないという議論も出てきた。ミシガン大学でも人種差別的なスピーチに対してそれを罰する法律があり、20人の学生が審査にかけられ、そのうち1人の学生が処分を受けた。しかしこれに対し、表現の自由を規制する大学のこのような法規は違憲であると、1989年に裁判所で判決が出た。

また1989年代後半、ウィスコンシン大学マジソン校において人種差別的な内容を含むイベントが行われた。これに対し大学側は、学生の人種差別を罰するために言論を取り締まるルールを設けた。しかしルール自体はあらゆるスピーチにも適用できる可能性があり、これに反発した学生が、憲法に保障された表現の自由に違反するとして訴訟を起こした。結果、1991年の裁判では学生側の主張が支持された。

大学だけでなく高校においても、生徒が表現の自由に関して声を上げた事件があった。これは公立高校での「表現の自由」はどこまで許されるのかを争った事件で、1988年に起こったことである。公立高校の生徒が学校の新聞に十代の妊娠や離婚が子供に与える影響などを掲載することに対し、学校側が内容の扱いについて取り締まりをした。それに対し、生徒側は憲法に保障された言論の自由の侵害だとして、学校を訴えたのである。最高裁判所はこの事件に関し

て、高校と一般社会はまったく異なった世界であり、高校の環境に関して学校側がその学校の方針に合わない言論に対しては受け容れなくとも問題にならないとした (Hazelwood School District v. Kulmeir, 484 U.S. 260)。

バイロン・ホワイト判事はその主文の中で、生徒がカフェテリアやグラウンドで、一般的に個人の見解を話すこと自体は罰せられないものの、生徒の言論が学校の運営を妨げたり、他の生徒の権利を侵害すると学校側が見なした場合、それを差し止めることを学校はできると述べた。つまり、この判決では高校生の表現の自由は制限されたのである。

(4) マーク・トウェイン『ハックルベリーフィンの冒険』は黒人差別

　日本でも子供の本でよく読まれているマーク・トウェインの『ハックルベリーフィンの冒険』の中には、「ニガー」(nigger) という黒人に対する差別用語が何度も使われている。また内容にも、間接的に黒人を不平等に扱っている言葉遣いなどが見られるため、現在では公立学校の図書館等で排除されることがある。[22]

　この本は1885年に出版された直後から、子供にふさわしくない内容だとして図書館から排除する動きがあった。その時は黒人への差別という理由からではなく、反社会的であるという理由からであった。もともとこの本の内容は、奴隷州であったミズーリー州を舞台に主人公の14才の白人の子ハックルベリーと奴隷州から逃げてきた黒人のおじさんジムとの交流をつづった物語であった。さまざまな出会いや経験の中で、ハックルベリーはジムとの友情を築いていくうちに、当時の奴隷制度への疑問を持っていくという結論に至る。しかしその間、ハックルベリーは大人社会の欺瞞や伝統的価値を批判的に評価している。これらのハックルベリーの思想や行動が、反社会的また非服従的であり、子供

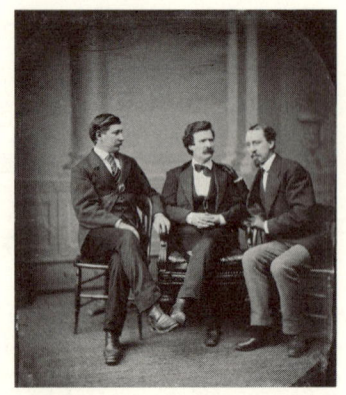

図10　マーク・トウェイン（中央）、ジョージ・アルフレッド・タウンシェンド（右）、デイヴィッド・グレイとともに
（出典：Library of Congress Prints and Photographs Division）

に大人への尊敬を損なわせるなどの非難が、『ハックルベリーフィンの冒険』に向けられたのだ。

　1885年3月にマサチューセッツ州のコンコード図書館は、「軽薄で、不遜」であり子供にはふさわしくないとして『ハックルベリーフィンの冒険』を蔵書から排除した。地元の新聞もこの図書館の決定を歓迎する記事を載せた。マーク・トウェインは1910年に生涯を終えたが、その間、ネブラスカ州、コロラド州、ニューヨーク州などの図書館で、この本が排除された。しかしこの本はトウェインの死後、アーネスト・ヘミングウェイ、ルッドヤード・キプリング、ジョージ・バーナード・ショーから賞賛され、アメリカの古典文学として認められるようになり、学校でも読まれるようになった。

　だが20世紀後半になると、今度は黒人の教育者たちから、同書の中で「ニガー」という黒人差別用語を使っていると非難されるようになり、学校のカリキュラムから『ハックルベリーフィンの冒険』を取り除くことをめざした運動が起こった。ヴァージニア州フェアファックス郡の学校で副校長をしていた黒人のジョン・ワレスが、『ハックルベリーフィンの冒険』は黒人の子供に自信をなくさせ、白人の子供に黒人への差別感を与えるとして、1982年に郡の学校区にこの本の排除を求めた。最終的には同学校区はこの本を教師が使い続けることを認めたが、ワレスの呼びかけは二十数か所にわたり受け容れられ、いくつかの図書館で排除されることになったのである。[23]

　また行政レベルから、トウェインの本が排除されることも起こった。1991年にテキサス州のプレイノ市において、唯一の黒人の市会議員であるデイヴィッド・ペリーがマーク・トウェインの『ハックルベリーフィンの冒険』と『トム・ソーヤ』を人種差別との理由から、市の学校の教材から取り除くように求めた。これはペリーの12歳の娘が、これらの本を読んで、その内容に衝撃を受けたということから行動を起こしたものだった。

　学校区の委員はペリーの要求がある以前から、ノース・テキサス大学の黒人の文学助教授を雇い、トウェインの小説を使用するに当たっての人種への配慮や歴史的背景についての教師指導会を200人の教師に対して開くなどの努力をしていた。しかしこれに対しペリーは、教師指導会が十分に機能しなかったと考え、政

図11 『ハックルベリーフィンの冒険』
　　　のポスター
（出典：Rare Book, Manuscript, and Special Collections Library, Duke University. Item #:Music B-543.）

治的な解決を図ったのである。しかしながら、学校区はトウェインの本を最終的に教材から取り除くことはしなかった。リーディングの教材にトウェイン以外の本を選ぶ権利を生徒に与えることで決着を見たのである。(24)

　このような事件は、文学として評価を受けても、トウェインの本で使われている言葉がいかに黒人の自尊心を傷つけるかの例を示したものであった。ただし黒人の人々すべてが、『ハックルベリーフィンの冒険』に批判的な立場に立つものではない。黒人への差別用語を支持はしないものの、1885年に書かれたマーク・トウェインの小説を文学として読むべきであると主張する人もいるのである。つまりアメリカの歴史からすると、トウェインの時代に「ニガー」という言葉は差別的にではなく一般的に使われていたことや、文脈からトウェインは白人社会の偽善性を非難しているということが指摘され、本の真意は人種差別にはないなどとこれらの人々は主張している。また、『ハックルベリーフィンの冒険』を出版した年にトウェインは、イェール大学法学校の学部長に宛てて、イェール大学に通う黒人学生に対して奨学金を支給したいという旨の手紙を出すなど、人種差別主義者ではなかったことを指摘する学者もいる。

　そのような理由から、全米自由人権協会はトウェインの作品は人種差別の本ではないとし、また表現の自由を守る理由で、同書を学校の教材から取り除くことに反対するなどしている。(25)

　またトウェインの本のほかにも、黒人への差別として問題視された本として、イギリスの婦人ヘレン・バナーマンによって書かれ、1899年に出版された『ちび黒サンボ』（Little Black Sambo）がある。同書も1930年代から黒人への偏見を助長するとして学校の教材から取り除かれた。アメリカでは「サンボ」という言い方自体、差別感を含んだ表現であった。ちなみに『ちび黒サンボ』は日本

においても黒人差別だとしてアメリカ人から抗議があり、1989年に出版社が発行を取りやめたということもある。[26]

　また本にとどまらず雑誌や新聞の記事も、人権団体から黒人差別の内容に対して抗議を受けることが見られた。たとえば1994年、有名な元アメリカン・フットボール選手のO・J・シンプソンが別れた妻と彼女の恋人を殺したとして裁判が行われた際、タイム・マガジンはシンプソンの顔の写真を必要以上に黒くして掲載した。これに対して米国有色人地位向上団体（NAACP）は、まだ結審していない裁判で被告のイメージを悪くする手段であり、黒人差別を助長するとして同雑誌を非難した。また同年6月27日のニューヨーク・タイムズ紙に掲載されたシンプソンの挿絵も同様な理由でNAACPに非難された。これに対しタイム・マガジンは後に謝罪した。[27]

　このほか、アメリカでは黒人差別ばかりでなく、インディアン系アメリカ人に対するステレオタイプを助長する本なども図書館や学校から排除するなどしている。たとえば『インディアン・イン・ザ・カッボード』（The Indian in the Cupboard）というインディアンのおもちゃで遊ぶ内容の児童絵本を図書館から排除するよう求められたことなどがあった。

　人種差別の歴史を抱え、そして公民権運動など人種差別撤廃のため戦った歴史を持つアメリカにおいて、人種差別に対する表現の自由は制限されている。それが黒人に対してあろうとユダヤ人に対してあろうと、である。しかし一方で、個人に直接危害が加えられないような場合には表現の自由を保護する動きもあったのは事実である。憲法修正第1条にある表現の自由・知る権利は何人にも、たとえそれが人種差別主義者であっても保障される。そのことをネオ・ナチや白人至上主義者のいくつかの裁判では示していた。

4. 同性愛の本を中学校の図書館に置くべきか？

(1) 児童向けの同性愛の物語

　同性愛者の結婚を法的に認めるかどうかは、政治的に大きな問題になっている。アメリカでは地方自治体が婚姻に関する法律を定めるため、連邦政府として一貫した規制はない。ただしジョージ・W・ブッシュ大統領などは、憲法修正は難しいといわれているものの、憲法によって同性愛者の結婚を禁ずることを一般教書などで事あるごとに示唆してきた。州ごとに見れば、いくつかの州は州憲法で同性結婚を禁じている。一方でマサチューセッツ州では同性結婚を認めた法律を通過させ、それを基に同性結婚が何件もなされたりした（ただし、保守派からの反対も強く、同法に対して裁判も行われており、いつかは破棄される可能性もある）。またヴァーモント州やコネチカット州のように、シビル・ユニオン制といって、同性愛者にも男女間の結婚で保障されている保険などを配偶者が受けられる権利を認める州もある。

　現実として同性愛者の結婚の問題が社会的に取り上げられるのは、子供がいる同性愛者の家族形態が存在してきたためである。最初の結婚をしたときにできた子供がいる人が同性のパートナーと生活するようになった場合、または同性愛者が子供を養子に迎えた場合などである。州の法律で結婚が認められなくとも、現実にゲイの親を持つ子供やレズビアンの親を持つ子供が、学校や社会でどう適応していくのかは重要な問題である。

　そのような中、1990年代に同性愛に関しての児童向けの絵本が出版された。アリソン出版社から、1990年にレスリー・ニューマン著の『ヒザーはふたりのママをもつ』（Heather Has Two Mommies）、同年にマイケル・ウイルホイト著の『パパのルームメイト』（Daddy's Roommate）であった。出版社は、同性愛の親や家族を持つことを一般の子供たちに教えるために、2歳から12歳の読者向けにこれらの本を出版したと述べている。[28]

　これらの本はすぐに同性愛者を扱った児童絵本を嫌う保護者たちの非難を浴

び始め、米国図書館協会の調査でも、1990年から2000年の間に学校の教材・図書館から取り除くように要請された本の中で上位を占めた。ウイルホイトの『パパのルームメイト』は2位に、ニューマンの『ヒザーはふたりのママをもつ』は11位にランキングされた。逆に、アメリカにおける多様な家族形態を偏見なく知らせるのに重要な本だと考える学校や図書館が、蔵書として購入した例も多くあった。

『パパのルームメイト』は、離婚した親を持つ主人公の子供が週末は父親のところに行ってそこで起こる出来事についてのストーリーなのだが、簡単な英語とカラフルな絵がついていて子供が読みやすいようになっている。父親にはゲイのパートナーがいて一緒にくらしており、みんなで動物園に行ったり、ボールで遊んだり、テレビを見たりする。また本の中では父親とパートナーがベッドに寝ている（性的な行為でない）絵もある。ウイルホイトは「すべての子供は、ゲイであること、ゲイの親を持つことは非常に普通のことで、悪口や醜悪な一般化は許されるべきでない」と述べている。[29]

しかし、これらの本を好意的に受け止める保護者が、アメリカの各地で多数派を占めるとは言えなかった。1994年、ヴァージニア州ブラックバーグ市の図書館の子供向けのコーナーに『パパのルームメイト』が蔵書として置いてあったが、この本を借りた3歳の娘を持つ母親が、この図書館に抗議し、この本の隔離を求めた事件があった。

この事件では、同図書館はその母親の要求を拒否する結論に至った。この図書館は、米国図書館協会のガイドラインに従って、読む権利は誰にも保障されるからだと主張した。その後、その図書館を管轄するモントゴメリー・フロイド地域図書館委員も、この図書館の決定を支持したのである。この決定に関して図書館委員長は、抗議は4件あったが、多くの賞賛も得ていると説明した。

しかし、同様の件に関してヴァージニア州の他の図書館はさまざまな反応を示した。たとえばフェアファックス郡の図書館委員会は、同性愛者の児童絵本を大人向けの特別なセクションに置くことを決めた。一方で、モントゴメリ郡では委員会で5対3の票決で、子供向けのセクションに置いておくことを決めたのである。

このような図書館の決定に対して、キリスト教保守系のグループは、同性愛者に関わる児童向けの本を図書館の蔵書にすることに強く抗議した。キリスト教保守派の主張は、ヴァージニア州では同性結婚は認められていない上、同性愛の家族を描いた絵本は地域の世論に反するし、また宗教的信条と社会モラルからも許されないということだった。1,000人の署名を郡に提出して、これらのグループは、もし図書館から本を移動して一般の子供から隔離しないのなら税金を払わないと抗議した。しかしこの動きに対しても、同地域の図書館の決定は変わらなかったのである。

　同性愛を描いたこの本に関する問題は、同書が出版されてから1、2年の間に全米の各地で起こり始めた。1997年にはシアトル州の公立学校区に、『パパのルームメイト』や『ヒザーのふたりのママ』などを含む同性愛を扱った本を買うことを条件に、6,150ドルの寄付金があった。約6冊ずつ64の小学校の図書館に贈られることになったのである。この寄付金はレズビアンであるシアトル市議会員のティナ・ポドロフスキーらが贈ったものであった。学校区は、社会にはさまざまな形態の家族があることの理解を深めるのに役立つと述べた。

　これに対して、保守的なグループは学校区に寄付金の返還を求める運動を起こした。ワシントン・ファミリー・カウンシルは、本の内容は同性愛の結婚に賛成しないのならそれは偏見であるという趣旨であり、このような趣旨の本を蔵書にするのはおかしいと抗議した。しかし、学校区や図書館はこの抗議には応えず、同性愛者の本を購入するための寄付金を歓迎する声を上げたのである。[30]

　しかし、すべての学校区、図書館がこれら同性愛の本を歓迎したわけではない。カリフォルニア州中部のモデスト市にあるストラウド小学校の保護者がマイケル・ウイルホイトの本の内容に抗議したとき、同学校区では全員一致の票決で、本を図書館から排除することを決めている。保護者たちは学校区の会合の中で、本の内容を読み上げ、子供が読む本としては不適切だと主張し、それに対して学校区の委員も賛同したのである。図書館の広報行政官も子供にはふさわしくないと判断し、書店に返却することを約束した。[31]

　このように同性愛の児童向けの本に関しては、基本的には同性愛に反対する保護者が声を上げ始め、その本の排除を求めて学校区や図書館に抗議するのが

ほとんどである。賛成するか反対するかは、地域によっても異なるし、その学校区や図書館を運営する人々の考え方に左右されることがほとんどである。

(2) 同性愛者の自伝を図書館のコレクションとする

　現在では同性愛に関する本、つまりゲイやレズビアンについての本が大学の図書館に置かれることはまったく珍しくないし、研究の材料としてもかなりの出版物がある。しかし、これらの本を小中高校の図書館また市や郡の公立図書館に蔵書として置くべきかについては、先に述べたように賛否両論がある。たいていは学校区、図書館、保護者の会議で蔵書として図書館に置くかどうか決定するのがほとんどだが、これが法廷に持ち込まれた例がカリフォルニア州アナハイム市の学校であった。

　これは同市にあるオレンジビュー中学校の図書館に『著名なゲイとレズビアンの生き様』(Lives of Notable Gay Men and Lesbians) という伝記シリーズ物の本10冊が、同図書館で蔵書としてふさわしいかが2000年末から2001年にかけて争われた例である。同学校の図書館にこの本が入荷された際、図書館員が校長にこの本を蔵書として置いておくことの承認を求めた。そして同校長がこの高校を管轄するアナハイム・ユニオン・ハイスクール学校区に本を提出し問い合わせた結果、内容が不適切ということで本が返却されなかった。その後、同校の図書館員は直接、学校区に本の返却を求めたものの学校区はそれに応じなかった。

　この事情を知った同校の生徒2人が、米国自由人権協会の支援を受け、これら10冊の伝記が返却されないことで生徒の憲法に定められた知る権利が侵されたとして、連邦地方裁判所に告訴したのである。

　米国自由人権協会の弁護士は、本が図書館に返却されない理由はこれらの本の題名に「ゲイ」や「レズビアン」という文字があるためであり、明らかに生徒の読む権利を侵害するものだと主張した。特に図書館においては生徒の視野を広くすることは大切であり、意図的に特定の本を排除することはできないと訴えたのである。

　結局、告訴を受けた後、アナハイム学校区は翌年2001年3月にこれらの本を返却することに合意したのである。合意書の内容は、第1に性的な指向に関

連する内容で本の排除をしないこと、第2に同書を読んで蔵書に反対する場合、文書にして学校に抗議することはできること、第3に学校管理職は生徒の多様性に応じて本の選択をすることを勧める文書を図書館員に送ることなどを条件とした。[32]

　この問題は、現在のアメリカの学校における同性愛者に対する微妙な対応が浮き彫りにされた事件であった。この本を注文した図書館員はリベラルな考えを持ち、ゲイやレズビアンに対する偏見を取り除くために、これらの著名人で同性愛者だった人の伝記を置くことは重要だと考えた。また、図書館で働いていた同僚にもゲイがおり、これらの本を集めることは教育上よいことだと考えていた。それに、同図書館には同性愛に関する本がすでに何冊か蔵書としてあった。しかし本が届いた日に、偶然にそのタイトルを目にした保守的な考えを持つ歴史の教師が、その本を目録に入れるのかと図書館員に問いただしたことがこの事件の発端だったのである。

　一般に、社会的保守の人々は同性愛についての本を図書館の蔵書とすることには反対なため、図書館員はこの教師が校長に抗議する前に、先に校長の同意を求めようとして本を校長に提出した。校長も、もともとはこのような同性愛のテーマの本を蔵書として残すことに反論はなかったものの、保守の歴史教員が校長の行動に反感を抱いて学校区に訴えるのを恐れ、先に学校区にこれらの本を蔵書として置く許可を得ようとしたのである。

　しかし、学校区は比較的保守的な考えを持っており、本を蔵書とすることに反対して本の返却をしなかったのである。しかも先に挙げた歴史教師は何ら行動を起こしていなかったし、図書館員との会話の後は本人は気にも留めていなかったという。したがって、学校が先走った行動をしたことで、問題が大きくなったというわけである。

　しかし、同性愛に関する本を小、中、高校の図書館に置くことは、全米で見ると保守の強い地域によっては反対を受けている例があるため、学校の管理職につくものにとっても判断が難しい問題だといえる。しかも、小、中、高校でも少数とはいえゲイやレズビアンがいる一方で、生徒の間で同性愛者に対する差別的な言動が見られたり、いじめの原因になることもある。そのため学校と

して問題にどう対応するか難しいのである。[33]

(3) 表現の自由は諸刃の剣

　本章では、本の内容において読む権利が制限される例をいくつか挙げてみた。表現・出版の自由があるアメリカにおいて、毎年さまざまな内容の本が出版されるが、必ずしも読む権利が保障されているわけではない。特に連邦ならびに地方政府の税金で運営されている公立学校や図書館においては、地域の住民の反対がある場合、問題を指摘された本を蔵書として置くことは難しい。

　しかも、内容が人種差別を助長するものだったり、性差別をもたらすものだったり、宗教差別を植えつけるような内容であればなおさらである。また、伝統的な結婚観に反して同性愛について書かれた内容の本は、さまざまな地域で反対の声を受ける可能性がある。さらに、キリスト教の創世記と異なった進化論に対して、キリスト教保守は一貫して反対してきたのが見られた。その意味で、アメリカでは表現・出版の自由は憲法修正第1条で保障されても、教育現場や図書館において知る権利がいつも保障されるとは限らないのである。

　ただし、知る権利が侵害されることに対して、憲法違反だとして徹底的に政治の場、司法の場で戦うような事件は数多く見られた。同性愛者の本や進化論の事例などもそのうちに入る。また表現の自由の原理が諸刃の剣であったことも事実である。たとえば、人種差別主義者や白人至上主義者が表現の自由を求め、法廷の場で彼らの権利が認められることもあった。

　その意味で表現の自由・知る権利をいかに権利として享受するか、また制限するかは、アメリカ人一人ひとりの責任の下に成り立ってきたともいえる。ある時はリベラルの声が強くなり表現の自由・知る権利が限りなく認められるような制度を求めたり、ある時は保守の声が強くなり伝統に反するような表現を制限することや地域のモラルを守る制度を求めたりした。その多様な声がぶつかり合い、議論を交わしていく中から、全体としてのコンセンサスをつくってきたのである。

■注

(1) Karim, Persis M. 1999. Books Are Often Banned. In *Censorship*, edited by L. K. Egendorf. San Diego: Greenhaven Press.
Hull, Mary E. 1999. *Censorship in America*. Santa Barbara: ABC-CLIO, Inc.

(2) Lynn, Leon. 1997. The Teaching of Evolution Is Censored. In *Censorship*, edited by L. K. Egendorf. San Diego: Greenhaven Press.

(3) DiMassa, Cara Mia. 1995. Wizard Makes the Sun Rise on Readers. *The Los Angeles Times*, July 17, 1.

(4) Growing criticism to Harry Potter books policy. 2000. *AP*, February 4.

(5) Harry Potter faces biggest foe yet in book censors. 2000. *USA Today*, September 6, 22A.

(6) Nickels, Ernest L. 2004. The Scopes "Monkey Trial": A Debate about Evolution. In *Famous American Crimes and Trials*, edited by F. Y. Bailey and S. Chermak. Westport: Praeger Publisher.

(7) Hull, Mary E. 1999. *Censorship in America*. Santa Barbara: ABC-CLIO, Inc.
Lynn, Leon. 1997. The Teaching of Evolution Is Censored. In *Censorship*, edited by L. K. Egendorf. San Diego: Greenhaven Press. 48.

(8) Epperson v. Arkansas, 393 U.S. 97. 1968. The Supreme Court.

(9) Lynn, Leon. 1997. The Teaching of Evolution Is Censored. In *Censorship*, edited by L. K. Egendorf. San Diego: Greenhaven Press.

(10) Hull, Mary E. 1999. *Censorship in America*. Santa Barbara: ABC-CLIO, Inc.

(11) Lynn, Leon. 1997. The Teaching of Evolution Is Censored. In *Censorship*, edited by L. K. Egendorf. San Diego: Greenhaven Press.

(12) Ibid.

(13) Ibid.

(14) Bumiller, Elisabeth. 2005. Bush Remarks Roil Debate Over Teaching of Evolution. *The New York Times*, August 3, 15.

(15) Sitomer, Curtis J. 1987. Alabama ruling on 'secular humanist' texts pits religion, speech. *The Christian Science Monitor*, March 6, 3.

(16) Vobejda, Barbar. 1987. Judge Ban 'Humanist' Textbooks. *The Washington Post*, March 15, 1.

(17) Court Reverses A Ban on 'Humanist' Schoolbooks. 1987. *The New York Times*, August 27, 1.

(18) Katsutani, Michiko. 1981. debate Over Shylock Simmers Once Again. *The New York Times*, February 22, 1.

(19) Hull, Mary E. 1999. *Censorship in America*. Santa Barbara: ABC-CLIO, Inc.
Beware the censor. 1994. *The Ottawa Citizen*, May 16, 10.

(20) Rasmussen, R. Kent. 1997. *Censorship*. 3 vols. Vol. 3. Pasadena: Salem Press., 3: 732-733.

第 2 章　人種・性別・宗教・マイノリティーへの理解　*61*

   Hull, Mary E. 1999. *Censorship in America*. Santa Barbara: ABC-CLIO, Inc.
(21) Claborne, William. 2001. Community vs. Klan In a Contest of Rights. *The Washington Post*, January 19, 3.
(22) Tice, D. J. 1999. Parents Are Entitled to Ban Books. In *Censorship*, edited by L. K. Egendorf. San Diego: Greenhaven Press. Original edition, Saint Paul Pioneer Press.
(23) Jones, Derek. 2001. *Censorship: A World Encyclopedia*. Edited by D. Jones. Vol. 4. Chicago: Fitzroy Dearborn.
   Rasmussen, R. Kent. 1997. *Censorship*. 3 vols. Vol. 3. Pasadena: Salem Press.
(24) Hentoff, Nat. 1991. The Future Adventures of Huckleberry Finn. *Washington Post*, November 30, 23.
(25) DeVries, Hilary. 1985. At 100, 'Huck Finn' is Still Causing Trouble. *The Christian Science Monitor*, March 15, 1.
(26) Shapiro, margaret. 1989. Japanese Publishers Ban Sambo. *The Washington Post*, January 25, 1.
(27) Hull, Mary E. 1999. *Censorship in America*. Santa Barbara: ABC-CLIO, Inc., 24.
(28) Davis, William A. 1990. Books for kids of gay couples. *The Boston Globe*, November 17, 12.
(29) O'Briant, Don. 1991. Books open doors for gay parents. *The Atlanta Journal and Constitution*, January 14, 1.
(30) Green, Aimee. 1997. Gay Books for Schools Stir Protest. *The Seattle Times*, April 4, 1.
(31) Khanh, Truong Phuoc. 1995. "Bedtime" reading an eye opener. *Modesto Bee*, April 7, 1.
(32) Books Returned. 2001. *City News Service*, March 16.
   Garisson, Jessica. 2000. Anaheim Schools Sued Over Removal of Books. *The Los Angeles Times*, December 22, 1.
(33) Lowery, Steve. 2001. The Case of the Disappearing Books. *OC Weekly*, January 19, 14.

第 3 章

テクノロジーの向上

1. 大学図書館におけるコンピュータ化

(1) コンピュータ・アクセス制限への議会の法制化

　テクノロジーの発展によりコンピュータが広く普及し、アメリカ・オン・ライン（AOL）の使用者は現在、ウォルストリート・ジャーナルとニューヨーク・タイムズの購読者を合わせた数より多い。アメリカの大学図書館でもカード式のカタログは見られなくなって大分経ち、現在では先に挙げたアメリカの新聞もインターネットで読めるようになった。しかも大学の図書館に行けば、当日の新聞記事ばかりでなく20年前の記事も検索して読める時代になった。新聞ばかりでない。今や大学図書館では、学術論文や雑誌の記事も同様にインターネットで全文を読めるのである。

　しかし、コンピュータの発達と普及は肯定的な変化ばかりをもたらしたわけではない。親が子供には読ませたくないような暴力的な記事・わいせつな内容・自殺者を求める広告・爆発物の作り方などさまざまな情報もインターネットで流されるようになったのである。そのような社会状況の変化の中、アメリカでも、学校にインターネットから取り出したポルノを持って来て、停学や退学など学校から罰せられた高校生が出てきたりもした。

　たとえば1995年、インターネットが学校にも普及し始めたころ、ミシガン州高校で生徒がインターネットからポルノの画像を取り出したため、4人の生徒がコンピュータを使うことを禁じられ、その学期はインターネットのアクセスを閉鎖するということがニュースで報じられた。またミシガン大学で、インタ

ーネット上にわいせつな内容を含んだ作り話として前置きした上で、ある男子学生がレイプのストーリーを書き込んだ。その中に同じクラスの女子学生の実名を出し、被害者とした内容があった。大学側は単なる想像を超えて、他の学生に脅威をもたらすとして、その男子学生を除名処分にした。その後、通信に関して恐喝行為を取り締まる連邦の法律により、警察はこの男子学生を逮捕するに及んだ。[1]

　これらのニュースが報じられるにつれて、市民グループや議会が悪質なインターネットから子供や他者の保護を目的として規制に乗り出した。1996年に議会は子供がコンピュータによってわいせつな画像や描写をアクセスしたり、暴力的な内容の情報をインターネットから得ることを防ぐ目的で、コミュニケーション礼節法（Communications Decency Act of 1996）を制定した。この法律によって、わいせつな内容の情報は、発信者が未成年者がアクセスできないような工夫をしなければ罰せられるという規定であった。

(2) 法律制定の前夜

　この法案はもともと、ネブラスカ州の上院議員であったジェームズ・エクソンが、一般的な地域の常識を鑑みて、インターネット上におけるわいせつな画像から子供を保護するという意図を持って、1995年2月1日に議会に提案した。それまでテレビ、ラジオ、電話などにおいてわいせつな内容、脅迫的な内容など他者に迷惑や不快感を与える情報に対して規制する法律は存在していたものの、インターネットに対してはまったく法律が存在していなかった。そのため、電話における法律の文言を「通信機器」という言葉に変え、インターネットを規制する内容としたのである。電話を規制する法律では迷惑、わいせつ、脅迫を取り締まる内容であったので、そこからヒントを得てインターネット上における「わいせつ、下品、好色、不潔、破廉恥」なコメントをしたり、要求したり、提案したり、想像させたりするような内容を制作したり、送ったりした者を罰するという規則であった。つまりウェッブ・サイトの管理者を規制する目的だった。[2]

　しかし、この罰則対象の定義はあいまいであり、印刷されたものやテレビな

どで報道されるものもインターネット上では罰せられる可能性があった。また、この法案が実際に法律として制定された場合、インターネットのプロバイダーの会社、電話会社も配信を助けたことによって罰せられないとも限らないような法案であった。

そのため、表現の自由を擁護する団体ばかりでなく一般の通信会社などからも、法律を制定する以前から反対の声が上がっていた。たとえば、アップル社、タイム・ワーナー社、ネットスケープ社や表現の自由を訴えた市民グループであるエレクトロニック・フロンティア・ファンデーション（Electronic Frontier Foundation）や「民主主義とテクノロジーのセンター」（The Center for Democracy and Technology）というインターネット上の表現の自由を追求する団体は、その文言のあいまいさにすぐに反対の声を上げた。また、一般にコンピュータ使用を許している図書館もこのことにすぐに関心を示し、米国図書館協会もこの法案に反対の意思表示を行った。

そして、1995年3月に上院の小委員会でこの法案が通過すると、本格的に反対の声を上げる団体や企業が増えてきた。また当時のクリントン政権も、この動きに懸念の意思を表明した。ホワイト・ハウスの大統領報道官は「大統領は、この問題は熟慮すべきものであると考えています」と述べるなどした。また司法省もこの法案が憲法修正第1条の表現の自由に違憲の可能性があることを示唆した。特にこの法案では違反したものに対し、2年以下の懲役と10万ドル以下の罰金という比較的重い罰則を科していたことも、反対者に関心をもたらした材料でもあった。[3]

(3) 図書館員の不安

アメリカの図書館は、市や郡の管理する公立図書館のみならず、ほとんどの大学図書館は一般の人々に開放されているが、インターネットの導入によって、わいせつ、暴力などを含んだ不適切なサイトから子供を保護しつつも、知る権利をどのように守るかは大きな関心事になった。しかし基本的な姿勢としては、表現の自由、知る権利を守るのが基本原理だったので、エクソンの法律案が紹介されたときも、その案にいち早く反対の声を上げたのである。

図12 図書館員とコンピュータを検索する学生
（著者撮影）

特に米国図書館協会は、3つの点においてこの法案に疑問を投げかけた。第1はインターネット上の情報に対して、この法律は表現の自由を妨げる可能性があるということである。また知る権利を奪うことにもなるし、情報の流れを制限することにもなると捉えた。これは憲法で保障された権利であり、この法律は憲法に反しているとした点である。誰に対しても何かを調べたり、情報を得ることを助けることが図書館の役割であり、いかなる表現の自由も認めるのが基本姿勢であるとしたのである。

極端に言えば、図書館のコンピュータで大人がポルノのサイトを見ようが、それは図書館員が止める権利はないし、ましてや政府が法律で規制することなどできないということである（もちろん実際は、もしそのようなことがあれば、未成年や子供も利用するわけであるから、公共のエチケットとしてマナーを守って図書館を利用するように注意を促すのが普通である）。また、情報を発信する者に対しては、他者の名誉を傷つけたり、脅迫したり、児童ポルノを流したりするような完全に違法なもの以外では、内容に関しては表現の自由は認められるべきであると考えるのが普通である。

第2は、法の有無にかかわらず民主主義の基本原理として、政府が利用者個人のコミュニケーション・ネットワークを規制しようとすることに図書館員たちは疑問を投げたのである。先に挙げた理由とも重なるが、どのような情報を得るのかはプライバシーの問題であり、そのことに対して、図書館は個々の利用者の権利を尊重する立場にある。政府がそれに介入することに対して図書館は疑問を投げかけたのである。たとえば図書館のコンピュータを使って電子メールを利用したり、チャットを楽しむ利用者に対し、その内容を無許可で政府が勝手に覗き見るようなことを認めることはできないということである。個人のプライバシーに政府が介入するようなことがあれば、民主主義の土台を崩す

ということである。

　第3に、図書館関係者が懸念したことは、この法律を実施した場合、誰が法の遂行に対し責任を持つのか、また違法者の対象は誰になるのかがあいまいであるということであった。たとえば、図書館でコンピュータを利用した17歳以下の少年がポルノのサイトを見た際、この法律案ではそのサイトを発信した者ばかりでなく、少年の受信を止めなかった図書館も罰せられる可能性があるのではないかと疑問を呈したのである。また現実的に考えても、無数にあるウェップ・ページのすべてを図書館が管理することなど不可能であるし、仮に技術的に可能であっても管理責任を問われることに疑問を投げかけたのである。[4]

(4) 法案賛成と法案通過

　しかし実際問題として、わいせつであったり、子供にふさわしくない情報を制限することに賛成する人々も多数いたのは事実である。実際、キリスト教系のグループであるアメリカン・ファミリー・アソシエーション、クリスチャン・コアリッション、ファミリー・リサーチ・カウンシルは、エクソンの法案に賛成の意思を表明した。また一部の保護者や学校の先生からも、わいせつであったり暴力的であるようなウェップ・サイトから子供を保護するという理由で、この法案に賛成の声が上がったのである。

　政府の法規制ではなく保護者がこのようなウェップ・サイトから子供を守るべきだという声に対して、エクソン上院議員は「両親が子供の脇に一日中いて、監視できると誰が本当に考えるのか」と一蹴した。これは学校の教師にも当てはまることであった。教師にとっては子供を不適切なウェップ・サイトから保護することは教師の責任であると認識する一方で、実際、制度的に環境を整えなければ氾濫するウェップ・サイトへの対応は難しいという現実があったのである。[5]

　これらの議論に対して、ソフトウェア会社や法案の反対者からは、個々人のコンピュータにあるソフトウェアを入れれば、ポルノなどのサイトを見られなくできるという議論があったが、個人でのコストがかかることに対しては実現性は乏しく、一般の人々や学校、図書館も消極的な意見しか持たなかった。

　また、政府の検閲になるという議論に対しては、エクソンはあくまでも子供

の保護が目的であることを強調し、正当な目的のためには、個人の権利が制限されることはいたしかたないという立場を取ったのである。その上、1995年4月に起きたオクラホマ州連邦ビルディングの爆破事件の際、犯人のティモシー・マクベイらが爆弾の作り方をウェブ・サイトから知ったことが、広くマスメディアで報道された。この事件のせいで、インターネットへの規制の流れが一気に高まったことも、エクソンの議論を助けていったのである。たとえばカリフォルニア州の上院議員ダイアン・ファインスタインは、この法案を議論する上院の公聴会においてインターネット上に爆弾の作り方が掲載されていることに触れ、「このような（爆弾の作り方の）表現の自由を守ることは……この国では許されない」と発言し、インターネットの規制に賛成する意見を述べるなど見られた。[6]

　この時点ではクリントン大統領と法務省は、エクソンの法案には違憲の可能性があるとして賛成には消極的であった。しかしこの法案は、当時、議論されていた通信全般に関する改革法案に盛り込まれ、1995年6月14日には上院で84対16の投票で可決され、8月4日には下院で420対4の大多数の可決で通過したのである。そして結局、上下院で圧倒的に支持されたコミュニケーション礼節法に難色を示したクリントンも、翌年の1996年2月8日に署名し、法律の制定となったのである。この間に幾度かの修正案が盛り込まれ、同法に違反したものは2年以下の懲役、50万ドルの罰金となり、罰金が元の法案より上がるなどした。

(5) オンラインを規制することの問題――コムストック法の再来？

　議会での議決の時に、常に同法に反対の立場に立っていたヴァーモント州民主党上院議員のパトリック・リーハイは、一般の印刷された本がインターネット上に掲載された場合、この法律では罰せられる可能性があることを指摘した。たとえば『ライ麦畑でつかまえて』などは内容が子供には不適切であり罰せられる可能性があるし、また博物館のウェブ・サイトがミケランジェロのダヴィデ像のレプリカの画像を載せてしまうことで博物館が罰せられる可能性があると論じたのである。

これに対し同法に賛成する人々は、法律に示された「あきらかに嫌悪感」を与える内容だけで、社会的にまた政治的にまじめな内容のものは罰せられないとしてリーハイの議論に反論した。

しかし現実的には、どこまでこの意見が通るのか疑問を持つ者も多くいた。たとえば、雑誌の『ペントハウス』にはヌード写真等が含まれているが、印刷された雑誌は合法である一方で、インターネット上の同雑誌のサイトは違法なのかどうなのかははっきりしなかった。受信者が17歳以下なのかどうかを知る、知らないにかかわらず、同社のサイトはこの法律によって罰せられる可能性が出てきたのである。その意味で表現の自由が完全に許されるとは言い難かったのである。

しかも、コミュニケーション礼節法は、通信改革法の一部として最終的に大統領も署名したのだが、その前に何度か議員の修正案によって、新たな規制等も加わっていた。その1つに、イリノイ州下院議員ヘンリー・ハイドが加えた、中絶を助けるような情報をインターネット上で流した場合、この法律で罰せられるという条項があった。同議員は中絶反対派の1人であり、条項の中で中絶を行う上で手助けとなる方法をサイト上に掲載したり、中絶を促進するための薬や他の医療品の情報をコンピュータ上で配信したりした場合に罰するとしたのである。

この条項は、中絶の権利を支持する市民グループや議員から、19世紀のコムストック法の再来として非難された。これは、コムストック法が中絶に関する記事を「わいせつ」と見なして、中絶を取り締まったことになぞらえたのである。コロラド州下院議員パトリシア・シュローダーは、この条項を「きちがい条項」と呼び、修正案を提出することを発表するなどした。

また全米中絶権獲得運動連盟（The National Abortion and Rights Action League）の会長であるケート・ミッシェルマンは「これはまさに反中絶派が中絶を利用できないようにして、最終的には違法とする試み」であると非難した。そして、他の中絶を支援する団体とともに、中絶に関する条項を政府が施行しないように、ニューヨークの連邦地方裁判所に大統領の署名がなされ法制化したその日に告訴した。裁判所判事のチャールズ・シフトンは連邦検事ザカリー・カータ

第3章　テクノロジーの向上　69

ーにこの件について連絡し、カーターがインターネット上で中絶の情報を流すことで人々を摘発することはないとの言葉を確認した。その上でコムストック法時代の魔女狩りのようなことはないとして訴訟状を却下した。[7]

(6) 米国図書館協会と米国自由人権協会の告訴

いずれにせよ、コミュニケーション礼節法は憲法における表現の自由に違憲であるとして、大統領署名の3日後の1996年2月9日に米国自由人権協会と他の19のグループが告訴した。また2月26日には米国図書館協会を中心とした他の図書館の連盟、書店、ジャーナリスト、インターネットのサーバー会社、出版社など22の団体がシティズンズ・インターネット・エンパワーメント・コーアリッション（Citizens Internet Empowerment Coalition）というグループを組織し、集団訴訟を行った。この2つの訴訟は後に1つにまとめられた。その間、連邦地方裁判所判事ロナルド・バックウォルターは2月15日に、この告訴を受けてコミュニケーション礼節法の施行を裁判で結審するまで差し止める決定をした。

いずれにせよ法律が現実のものとなったことで、アメリカの図書館は利用者の表現の自由・知る権利・プライバシーを守り、いかなる情報も自由に獲得するのを助けるという立場があるため、現実の仕事の上で大きな圧力を受けることになったのである。米国図書館協会の顧問弁護士ブルース・エニンは、コミュニケーション礼節法が存在する限り、インターネット・アクセスを一般利用者に許しているどの図書館も、刑事責任を問われる可能性が出たと警告を発した。[8]

全米の図書館は当面、刑事摘発を避けるためにさまざまな対処を準備した。ある図書館では一般利用のコンピュータを個室に移したり、あるところではコンピュータごとにソフトウェアを入れ、わいせつ、暴力的な内容にアクセスできないコンピュータと自由に何でもアクセスできるコンピュータを用意して、利用者に知らせたりした。またある図書館では保護者の許可がない子供にはインターネットのアクセスを制限したり、またあるところでは未成年者がインターネット・アクセスを求めたときは、「不法」なウェッブ・サイトにアクセスしないことを署名させたりしたのである。もちろん何の対策も行わなかった図書館もあるが、明らかにこの法律は図書館のインターネット・アクセスに影響を

与えたのである。

(7) コミュニケーション礼節法に違憲判決

　この訴訟は、同年 6 月 12 日に図書館や人権団体の主張をフィラデルフィアの連邦司法裁判所が支持することで、原告側の勝利が明らかになった。ここでは 3 人の判事がそれぞれ異なった意見で、コミュニケーション礼節法の違憲性を述べたのである。

　ドロレス・スロビター判事は原告の主張を支持し、この法律が憲法修正第 1 条に定められている表現の自由に反していることと修正第 5 条の法の手続きの条項に反しているとした。この法の手続きの条項とは、憲法修正第 5 条に「何人も、法の手続きによらずして生命、自由もしくは財産を剥奪されない」とあるもので、礼節法のあいまいな「わいせつ」の定義によって罰金または禁固されることはあってはならないとしたのである。

　またスチュワート・ダルゼル判事は、インターネットは政府の干渉から保護されるべきものであると述べた。ダルゼル判事はインターネットが限りなく広い世界の領域にわたって対話を成立させる点に注目し、それを政府が干渉できることはできないと主張した。つまり、個人の知る権利に政府が干渉することは、憲法修正第 1 条の原則に反しているというわけである。

　そしてロナルド・バックウォルター判事は、礼節法の法規を執行するためのテクノロジー環境が整っていない状況を挙げるとともに、法律にある「わいせつ」と明らかな「嫌悪感」の定義のあいまいさを指摘し、あいまいな定義のまま法律を執行することで「寒々しい」結果を生むことになると述べた。またスロビター判事同様に、修正第 1 条、第 5 条に反すると述べた。

　この判決に対し、クリントンは「私は、こ

図13　ビル・クリントン大統領
(出典：Library of Congress Prints and Photographs Division)

の法案に署名したとき同様に、この法律を執行することによって、保護者がコンピュータから送られてくる不適切なものに子供がさらされるのを防ぐのを、憲法は認めていると確信しています」との談話を発表した。司法省はこの判決を受けて、1996年6月28日に連邦最高裁判所に控訴したのである。しかし、この法律にもともと懐疑的だった大統領や司法省が、絶対にコミュニケーション礼節法を執行することを望んでいたのかは、まったく不明である。この年は大統領選挙の年でもあり、再選を狙うクリントン政権にとっては、政治的にリベラル・保守のどちらにも強い反感を受けないような政治判断があったともいえるからである。[9]

(8) 最高裁判所の判断――定義の難しさ

　コミュニケーション礼節法が違憲だと判断したフィラデルフィアの連邦地方裁判所の判決は、同法を支持していた保守的な層から非難を浴びた。保守的な市民団体のファミリー・リサーチ・カウンシルのキャシー・クレイバーはインターネット上で大人がわざとポルノを送信することを認めるようなものだと発言したり、アメリカン・ファミリー・アソシエーションのパット・トルーマンは、最高裁のわいせつを取り締まった判決の前例を無視するものだと地方裁判所の決定を批判した。[10]

　連邦最高裁判所では、1997年3月16日に口頭弁論が行われた。口頭弁論では、コミュニケーション礼節法に反対するグループの弁護士と副法務次官のセス・ワックスマンが最高裁判所の判事の質問に答えた。ワックスマンは規制の加えられていないインターネットが「大人同等に（子供に不適切な）本や映画への自由なアクセスを与える」恐れがあると裁判所で主張した。また、ワックスマンは地方裁判所の見解とは反対に、現在の技術をもってすればウェッブ・サイトを管理している者が年齢の認証機能を設定するシステムにすれば、見る側が適切でないウェッブ・サイトをより分けすることは可能であり、大人のアクセスする権利を侵害することはないと主張した。ただしワックスマンの言うシステムは、個人でウェッブ・サイトを管理する人にとっては、購入するのに経費がかかるシステムであった。

これに対しステファン・ブレアー判事は、法の適用について、高校生が自分の性体験のことについて他人とコンピュータで会話をした場合、罰せられるのかと質問した。その際ワックスマンは、違法行為である可能性があることを示唆した。それに対しブレアー判事は、高校生が自分の性のことを友人とコンピュータで話すことは日常茶飯事で見られることであり、この法律を適用したら全米で高校生の逮捕者が出るかと質問した。今度もワックスマンは、子供を『ペントハウス』や『ハスラー』といったヌード写真の載っているウェッブ上の雑誌から擁護するには多少の犠牲は払わなくてはならないと答えている。これはわいせつであったり、暴力的であったり、嫌悪感をもたらすウェッブ・サイトの管理者ばかりでなく、たとえ子供がコンピュータで何を見ているかを知らなくとも、コンピュータを使わせた保護者や学校までも犯罪者の対象になりうることを示唆することでもあった。いずれにせよ、このやり取りは、コミュニケーション礼節法の適用に関しての定義の甘さを露呈した形となった。

　また当時、裁判官がインターネットの機能を理解しようとして、電話やテレビなどと比較しながら、法律の適用の可能性を探っていたことがうかがわれる。たとえば、ブレアー判事は電話の機能と比較しつつ、コミュニケーション礼節法がウェッブ・サイトを規制することができるなら、人々の電話の会話も議会は規制することになるのかと質問した。それに対してワックスマンは、電話とインターネットの機能はまったく異なることを強調した。

　一方、米国図書館協会の弁護士であるブルース・エニスは、礼節法が成人の表現の自由をも規制し、憲法修正第1条の表現の自由を制限することになり、違憲であることを指摘した。また、個人のウェッブ・サイトを持つすべての人が、年齢認証のシステムを個人で買う余裕はないとワックスマンの主張に反論した。それに、年齢の認証システムは、多数の人が同時にコミュニケーションを取るような双方向性のあるチャットでは役に立たないと説明した。それに規制対象となるわいせつなウェッブ・サイトの30％は世界から発信されているもので、アメリカ国外のウェッブ・ページを持つ者に対して礼節法による規制は困難であると主張した。そして、子供をわいせつなサイトから保護するのは、個々の家庭が個人のコンピュータに特別のアメリカン・オン・ライン（AOL）

などのウェッブ・サイトの選別ソフトウェアを購入して防ぐ方が早いし、確実であると述べた。つまり、連邦政府の法規制によって有害なウェッブ・サイトから子供を保護するよりも、各家庭の判断に任せた方が確実であるとの見解を示したのである。(11)

また、コミュニケーション礼節法の下で、ピッツバーグのカーネギー図書館が違法行為を免れるために、同図書館のオンラインでウェッブ・サイトが子供に適切か不適切かを選別するシステムにかかる費用は300万ドルであると算出した例をエニスは述べ、各図書館にかかる負担の大きさを述べた。また同法の施行によって、結果的に図書館はインターネットの成人のアクセスも制限しなければならないと主張した。(12)

(9) 連邦最高裁判所の判決（Reno v. ACLU, No. 96-511）

1997年6月26日、連邦最高裁判所は、コミュニケーション礼節法が憲法修正第1条に違憲であるとの判決を下した。最高裁判所はフィラデルフィアの地方裁判所の判決を支持し、インターネットの情報は人の考え方の多様性に比例して多様なものであり、その表現は本や新聞での表現と同様に憲法修正第1条によって保護されるとした。

この判決によって、政府は児童ポルノのように犯罪性のあるもの以外で、インターネットの内容に何らかの規制を加えることはできないとしたのである。特にジョン・ポール・スティーブンス判事の主文では、コミュニケーション礼節法の、「わいせつ」「あきらかに嫌悪感」をもたらすなどの言葉の定義があいまいであることを指摘して、その定義によって罰金や禁固を科すことはできないとした。

スティーブンスは、子供を不適切なウェッブ・サイトから保護するという法律の目的は重要であると認めつつも、それによって大人の知る権利を制限する可能性があることや、子供と保護者まで

図14　連邦最高裁判所の建物
（出典：Library of Congress Prints and Photographs Division）

過剰に罰することになりかねない点を挙げて、法律の執行が困難なことを述べた。また避妊、ホモセクシャル、レイプの話題でインターネットを使うことが罰せられないと予想はできないし、犯罪の意思がなくても重い罰則が科せられることで、これらの話題を制限することになりかねないと述べた。そしてその結果、表現の自由が間接的に制限されると示唆し、法律の適用の難しさを指摘した。この主文には7人の判事が署名した。

また別の理由で、サンドラ・オコーナー判事とウイリアム・レンキスト裁判長は、コミュニケーション礼節法は違憲であると判断した。つまり、同法は限られた環境条件によって適用されるのみであるとしたのである。これは、わいせつであったり、暴力的であったり、明らかに子供に不適切だと思われる情報をインターネットで発信する者が、受け手のすべてが子供であると知っている条件のときのみ成立が可能であると述べた。つまり、現実的な法の執行は不可能であると述べたのである。なぜなら送り手は、情報の受け手が成人か未成年かを知る手段はないし、受け手は不特定多数になるためであると判断したからであった。[13]

この判決は、米国図書館協会、米国自由人権協会等の裁判に関わったもののみならず、礼節法がさまざまな面でコンピュータの利用者に負担をかけ、表現の自由を妨げると考えたコンピュータ会社、出版社、ジャーナリストなど多くの人々の賞賛を浴びた。

しかし逆に、キリスト教系市民団体のクリスチャン・コアリッションなど、法規制によって不適切なウェッブ・サイトから子供を保護することを望んでいたグループは、インターネットを規制する法制化の実現を続けて主張していくことを表明した。

またコミュニケーション礼節法を支持していた政治家の中には、最高裁の敗訴の判決を見込んで次の法案を提出した者もいた。たとえばカリフォルニア州下院議員のゾウ・ロフガンは、インターネットのプロバイダーが保護者に子供を保護するためのソフトウェアを提供することを義務付ける法案を提出した。またワシントン州の上院議員パティー・マレイは、ウェッブ・サイトの管理者がどのような内容かを示す基準を表示することを義務付ける法案を提出したのである。いずれにせよ、法案の規制対象・内容を変更することで、インターネ

ットの規制を実現しつつ、しかも憲法に保障された表現の自由の原則に抵触しない規制をめざしたのである。[14]

その意味でコミュニケーション礼節法に関する裁判ケースは、インターネットの規制と表現の自由をめぐる駆け引きの始まりでしかなかったのである。

2. 判決以後とさらなる法律制定

(1) 裁判での結果と分析――果たして規制できるのか

連邦最高裁判所がコミュニケーション礼節法（CDA）について違憲であるという判決を出したことは、さまざまな面で政治や社会に影響を与えた。まずこの法律に賛成していた人々は、最高裁判所の判決を不服としながらも、コミュニケーション礼節法の「わいせつ」の定義が甘いことを認め、次の法案を考えるきっかけとなっていったのである。もともと法の目的としては、子供をわいせつなウェッブ・サイトから擁護することであったし、連邦議会でも法案が通過した経緯もあったし、連邦最高裁判決の判事も法律のめざす方向性には賛成していたため、あとは法律の内容が憲法に抵触しないことをめざした。

たとえば裁判中には証人喚問の際に、アントニン・スカリア判事が、いまの技術ではインターネットのより分けは難しいため違憲判決になる可能性があると意見を述べた上で、もし技術が発達すればわいせつなウェッブ・サイトを政府が規制できるのかを出廷した専門家に質問するなど見られた。そのこと自体、裁判官は法規制に対して、初めから反対の姿勢は取っていなかったということである（アメリカでは、裁判官が法の下に公正であるということは当然としつつも、常に一人ひとりの政治思想が判決に影響していると言われる）。

一方、連邦政府内では、1997年に最高裁判所がコミュニケーション礼節法を違憲だと判決したのを受け、ホワイト・ハウスにおいてネットスケープ社やマイクロソフト社のような企業を招いて、どのような手段を用いればインターネットのわいせつであったり、暴力的であるような情報を選別できるのか意見を求めた。そこで提案された方法として、すでにテレビ番組などで使われていた

Vチップ・テクノロジーというものがあった。これは事前にその番組の内容に不適切な表現があれば、それを選別し、不適切な度合いを決めるというものだった。ホワイト・ハウス上級顧問もマス・メディアとの会見で「インターネットにVチップを導入します。（テレビと）同じ目的、違う方法で」と述べるなどしていた。[15]

しかしこの考えに、表現の自由の保護を求めるさまざまな市民団体は難色を示した。米国図書館協会や米国自由人権協会は、政府主導の規制は過度な検閲を生み出す可能性があるとして、むしろ民間主導の情報選別システムの導入を求めた。これは個人の権利の場に、連邦政府が干渉することを嫌ったためである。

いずれにせよ、先に挙げたVチップ・テクノロジーをウェッブ・ページに当てはめることは難しい側面があった。なぜならウエッブ・ページは個人でも所有、管理され、莫大な情報量が異なった目的で流されているためであった。また選別方法として、たとえば「セックス」という言葉を選別して、その不適切さを決めるにしても、それまでの技術ではマサチューセッツ州のミドルセックス郡のような土地の名前で「セックス」という言葉も選定されてしまうためであった。いずれにせよ、さまざまな市民団体や専門家は、個人が各家庭でこのようなソフト技術を使って、子供を不適切な情報から守ることが現実的であると主張した。[16]

(2) 児童オンライン保護法（COPA）

しかし連邦議会では、1997年末には新たな動きが始まっていた。コミュニケーション礼節法が違憲とされた1997年11月の感謝祭の連休直前に、インディアナ州の上院議員ダニエル・コーツが児童オンライン保護法（Child Online Protection Act）という法案を提出した。

違憲とされた礼節法は、わいせつなサイトの管理者が不特定多数になり、またその目的も性産業から個人のサイトまで対象になりうることが欠点であった。このため新しい児童オンライン保護法では、子供に有害であると考えられるわいせつな情報を流す商業サイトのみ、つまりわいせつなウェッブ・サイトを商業目的で管理する個人や法人を取り締まるという目的に絞ったのである。

しかしこの法案が提出されると、芸術・医学を目的とするものと性産業を完全に分けることはその文面からは難しく、性に対するまじめな医学情報なども取り締まり対象になるとして反対の声が上がった。またコミュニケーション礼節法でも取り上げられた問題として、規制は送り手の表現の自由、受け手の知る権利を阻害すると、米国自由人権協会などが違憲性があると反対したのである。

コミュニケーション礼節法（Communication Decency Act）は頭文字を取って「CDA」と呼ばれていた。この児童オンライン保護法は、礼節法との類似性から、反対者から「CDAII」と呼ばれた。[17]

いずれにせよコーツの法案は、翌年1998年7月21日に98対1の投票で連邦議会の上院で通過し、同年10月にはマイケル・オクスレイ下院議員が提出した法案が下院で通過した。下院から提出されたオクスレイ案と上院のコーツ案との違いは、下院案には、わいせつなインターネットのサイトから未成年を保護するための特別委員会を設定したことであった。いずれにせよ下院で通過した後、細かいところが修正され、10月21日には5,000億ドルの予算案も議会で承認されたのである。

その意味で連邦議会では、インターネットにおけるわいせつなウェッブ・サイトから子供を保護する声が圧倒的であったといえる。未成年にふさわしくない内容のウェッブ・サイトを商売として管理する者や会社を対象として、年齢認証等のソフトなどを入れたりして未青年がアクセスできないようにすることを義務付けるものであった。もしそれに違反した場合は、6か月以内の禁固刑と5万ドル以下の罰金が科せられるという厳しい罰則が設けられたのである。いずれにせよ民衆の代表である国会議員のほとんどは、わいせつ・暴力を扱うようなウェッブ・サイトの規制の必要性を認識していたということがわかる。[18]

しかしこの法律に対して、1998年に米国自由人権協会やエレクトロニック・プライバシー・インフォメーション（The Electronic Privacy Information）など14の市民団体が集団訴訟を起こした。米国図書館協会はこの集団訴訟には加わらなかったものの、米国出版社協会、コンピュータ・情報産業協会等とともに法廷で原告の主張を支援した。コミュニケーション礼節法の時と同様に、児童オンライン保護法は、その施行がなされる前にこの集団訴訟を受けて、翌年の1999

年2月に連邦地方裁判所で同法の施行を当面、差し止める判断が下された。[19]

(3) 長い裁判と児童オンライン保護法の違憲判決

　児童オンライン保護法は、地方裁判所がその施行を差し止めてから、2004年6月に最高裁判所が違憲判決を下すまで実に5年以上、裁判に時間がかかったのである。アメリカの裁判で民事のケースがこれほど時間がかかったこと自体、インターネットの規制を判断することの難しさを物語っていたといえる。この理由はコミュニケーション礼節法と同様に、法規制の対象となる商業目的のわいせつなウェッブ・サイトを特定することが困難だったことと、憲法修正第1条の表現の自由にこの法律がどの程度まで抵触する可能性があるのか微妙な判断を迫られたためであった。

　いずれにせよ、1999年2月に法の施行を差し止められたオンライン保護法は、同年4月2日に連邦地方裁判所において違憲判決を受けたのである。しかし、司法省はこの判決を不服として上告した。そして同年11月4日から公聴会が開かれ、保護法に対して賛否の意見が交わされたのである。だがここでも、第3巡回控訴裁判所の公聴会で、3人の判事は児童オンライン保護法の合憲性を支持するのを躊躇した。

　たとえばレオナルド・ガース判事は、各コミュニティーの評価基準に応じてわいせつかどうかを決定するとした同法の内容に、保守な地域と革新的な地域では考え方が違うのではないかと疑問を呈した。たとえば最も社会的保守の人々の「わいせつ」の基準が採用されるようなら、表現の自由はかなり制限されることになるとの懸念を示した。つまり児童オンライン保護法は、各地域に普遍性のある基準を持つ内容ではなく違憲性があるとの見解を示したのである。

　またテオドア・マクキー判事は、児童オンライン保護法の内容が適用された場合、わいせつなウェッブ・サイトに大人がアクセスする際に、クレジット・カードや他の年齢認証のソフトウェアを通さなくてはならなくなり、結果として自分自身の情報を公開することを強いられることになるし、憲法修正第1条の表現の自由、知る権利に違反することになると述べた。ガース、マクキー両判事とも、成人の知る権利を保障しつつ、未成年のわいせつなウェッブ・サイ

トへのアクセスを制限できる法律が制定できるのかと疑問を呈している。このこと自体、児童オンライン保護法がその条文のままでは成人の知る権利を制限する可能性のあることを示唆していた。[20]

結局、第3巡回控訴裁判所は2000年6月23日に、地方裁判所の決定を支持し、児童オンライン保護法の違憲性を判決する。つまり同法が施行された場合、ウェッブ・サイトの管理者は違法性を避けるために、表現の自由を制限せざるを得なくなってしまい、憲法修正第1条に合憲とはいえないという立場を取ったのである。

これは、児童オンライン保護法で、ウェッブ・サイトの内容が未成年者にとってわいせつかどうかを決定する基準は「現代におけるコミュニティーの価値基準」によるとしたことが、あいまいだとしたのである。この基準によれば、ある人にとっては、たとえば障害者のためのセックスのことに関した医学的な説明でも、他の人にとってはわいせつだと見なされることもあるためである。このような場合、ウェッブ・サイトの管理者はまじめな目的を持っていたとしても、保守的な人からの訴訟を避けるため年齢認証のソフトを入れるなどしなければ、法で罰せられる可能性があるのである。したがって、このようウェッブ・サイトを管理する人の表現の自由は守られないということになると裁判で判断されたのである。

この後、司法省はこの控訴裁判所の判断を不服として、最高裁判所に上告した。2001年11月28日の口頭弁論では、米国自由人権協会の弁護士アン・ビーソンが、控訴裁判所の判決に沿って、オンライン保護法は修正第1条に違憲であるし、また商業の自由を妨げることを強調した。芸術作品を掲載するサイトや医学的な面から同性愛者のセックスを扱ったサイト、女性の妊娠や健康全般を扱ったサイトなどは、まさに判断いかんでは自ら選別のソフトウェアをインストールしなくてはならない状況になることを示し、これは表現の自由を妨げるとしたのである。

一方、司法省側の弁護士テオドア・オルソンは、コミュニケーション礼節法との違いを述べ、あくまでわいせつなウェッブ・サイトを管理する商業目的のものだけを取り締まるという目的を確認した上で、一般常識に考えて不適切な

サイトは選別できるという政府の従来の主張を繰り返した。[21]

2002年5月13日には連邦最高裁判所は、第3巡回控訴裁判所にもう一度法律の解釈を求めて、審議を差し戻す判決を下した。このことは、連邦最高裁判所がいかに法の解釈に迷ったかを示した。ある面、同法の目的に裁判官は賛同するものの、法の施行は困難であると解釈したと考えられるのである。しかし児童オンライン保護法に関する解釈は巡回裁判所の再審でも変わらず、2003年10月には連邦最高裁判所においても同法の合法性を審議することを決定した。そして最終的には2004年6月29日に控訴裁判所の決定を支持し、児童オンライン保護法は憲法修正第1条に対して違憲であると判断し、結審したのである。

それでも注目されるのは、この裁判は最高裁では5対4の僅差で児童オンライン保護法の違憲判決を出したことである。多数派のアンソニー・ケネディー判事の主文では、「重い刑事罰則を伴う、内容重視の禁止条項は、常に自由な人々の言動において抑圧的なものになる潜在性を持つものである」と、児童オンライン保護法が表現の自由を抑制するものであるとの見解を出した。またケネディーは、コミュニケーション礼節法の判決と同様に、この法律を施行しても外国のウェッブ・サイトを管理する者に対して規制することはできないと述べた。その上で、子供を不適切なウェッブ・サイトから保護するためには、連邦政府の規制によるのではなく、個々のコンピュータに保護者が適切なソフトウェアをインストールすることが手っ取り早いとしたのである。[22]

それに対し、アントニン・スカリア判事は反対意見の中で、児童オンライン保護法はその目的が商業サイトに絞られており、規制は不可能ではないと述べた。またステファン・ブレアー判事の別の意見では、同法がわいせつな内容を取り締まる目的があるため、まじめな内容のサイトがこの法律によって罰せられることはないと主張した。「私たちはこの法律を破棄するためではなく、活かすことをめざして解釈すべきである」と述べた。いずれにせよ児童オンライン保護法の判決は、いかにインターネットの規制が難しいかを示した。[23]

(4) 図書館の反応

インターネットの普及が広がるにつれ、未成年者に対して不適切なウェッ

ブ・サイトを排除することが図書館関係者や学校関係者の注目を浴びるところとなった。そんな中、1996年にコミュニケーション礼節法の制定により、図書館における法規制の是非が問われ始めたのである。この社会の動きに対して、必ずしもすべての図書館の反応は一致したものではなかった。

大学図書館や私立の図書館はコンピュータの選別ソフトには積極的ではなかったし、1996年に礼節法の違憲判決を支持したところが多かった。しかしその一方で公立図書館では、図書館を管理する市や郡の図書館委員の中からは規制も必要だという意見も出てきた。つまり、現場の図書館は個々の判断で対処することを望んだが、比較的保守的な市や郡の図書館委員はコンピュータにソフトウェアをインストールして、子供を不適切なウェッブ・サイトから保護するように要求するなど見られた。また個々の図書館員においても、政府の介入は嫌っても、わいせつなサイトから子供を保護するという考えに賛成する人もおり、選別ソフトウェアをインストールすることに賛成する人もいたのである。

米国図書館協会のリーダーたちの中でも、意見の一致が見られたわけではなかった。同協会の知的自由事務所のジュディー・クラッグは違法でないウェッブ・サイトをソフトウェアで排除することはないと反対し、一貫してコミュニケーション礼節法、児童オンライン保護法に反対し、また図書館が選別のソフトウェアを入れるのにも反対した。クラッグは、あらゆる選別のソフトウェアは表現の自由を妨げるという立場に立った。その一方で当時のアン・シモン同協会会長は、保護者が合法なウェッブ・サイトにも必要とあれば、それを選別して排除するソフトウェアを使うことを認めてもよいという立場であった。シモンは、それは個々の図書館の判断であると述べ、穏健な立場を取った。

また地域によって、図書館の規則を変えるところも見られた。オクラホマ市のメトロポリタン図書館の理事会は、コミュニケーション礼節法の違憲判決が出た1997年に、管轄下の図書館のコンピュータに選別のソフトウェアをインストールすることを全員一致で決め、その傘下にある公立図書館にそれを指示するなど見られた。つまりオクラホマ市の図書館は、連邦最高裁判所の判決からは独立した立場を取ったのである。

この背後には、わいせつなウェッブ・サイトから子供を保護することを支持

する市民グループなどが、市や郡に直接訴えたことも関連していた。オクラホマでは、希望する保護者に対して、16歳以下の子供には特定の本の貸し出しを禁じたり、インターネットでも制限されたサイトしか見られないような設定をできるようにしたのである。

オハイオ州では、メディナ郡地区図書館のシステムに属する図書館で、1996年の終わりに、ある図書館員が『ゲイ・セックスの喜び』(The Joy of Gay Sex) という本を十代の未成年者に貸し出しする図書館の行動に抗議し、仕事をやめる事件が起こった。このことは地域の住民の関心を集め、図書館においても未成年者の貸し出しとインターネットのアクセスについての規則変更を迫られる結果となった。この図書館の館長は特別委員会を結成して、他の図書館の規則を参考にして新しい規則を作ることにした。1997年2月には公開公聴会も行うなどして、コミュニティーの意見を反映するような規則の変更を考えていったのである。

その結果、メディナ公立図書館の特別委員会は提案書を出し、12歳以下の児童の図書館カード発行に際しては保護者の署名を求め、13歳から17歳の未成年者が図書館カードを作る際には保護者にその旨の通知を送るとしたのである。また17歳以下の子供を持つ保護者は、本・ビデオ・DVDの貸し出しに制限を設けることができるとした。インターネットのアクセスについては、選別ソフトウェアをインストールすることはなく、新しく未成年用のウェブ・サイトを制作するとしたのである。これは子供専用のコンピュータに設定され、その場所にはソフトウェア、ハードウェアの管理をする専門の職員がつくとしたのである。[24]

オハイオ州全体でも1997年のコミュニケーション礼節法が裁判で争われ、またメディナ図書館の決定に反応して、公立の図書館は規制に乗り出した。ただしメディナの図書館の規則と異なっていたのは、ここではウェブ・サイトを選別するソフトウェアを入れることをかなり前向きに検討したことであった。250のオハイオ州の公立図書館を管轄している、オハイオ公立図書館情報ネットワークという州政府機関がある。この機関は、わいせつなサイトを選別するソフトウェアをインストールすることを州下院議会に求め、予算法案を提出し、1997年3月21日に可決した。この法案では、このシステム下のオハイオ州の公立図書館は、中央システムのサーバーを通して選別されたインターネット・

アクセスをするようにしたのである。(25)

　4月11日にオハイオ公立図書館情報ネットワークは決議案を通過させ、そして州議会に予算を求めた。ただ5月末に州上院で法案は通過したものの、選択ソフトウェアのインストールされたコンピュータを用意するかどうかは、各図書館に任せることとした。これは、オハイオ州の図書館が予算獲得を州政府に求める一方で、政府主導の規制をしないことを図書館関係者が求めたからである。同ネットワークの事務局長フランシス・ハレイは「図書館は地域の責任者によって運営されるものであり、何年も公共の利益に尽くしてきたのです」と述べ、予算によってシステムを作っても、あくまで図書館の規則は地域の図書館で決めることが理想的だと考えた。(26)

　いずれにせよオハイオ公立図書館情報ネットワーク下の250の図書館では、少なくとも一台は同ネットワークのサーバーにつながったコンピュータを用意し、そこで選別されたウェッブ・サイトを見られるようにした。各図書館では、それぞれすべてのアクセスができるコンピュータや独自に選別のソフトウェアをインストールしたコンピュータなども同時に用意するなど工夫を凝らした。

　アメリカの各図書館は、オハイオ州に見られたように、さまざまな形でインターネットの規制を独自に加えるようになったのである。政府からの規制を受ける前に、連邦政府の干渉から自らの独自性を保つために、また実際問題として不適切なウェッブ・サイトから子供を保護するために、選別ソフトウェアを何台か未成年者用にインストールしたりした。たとえば、ライブラリー・チャンネル (Library Channel)、サーフ・ウォッチ (Surf Watch)、サイバー・パトロール (Cyber Patrol)、ネット・ナニー (Net Nanny) などのソフトウェアを使った。

　しかし、選別ソフトウェアによって完全に未成年に不適切なサイトが排除されたわけではない。実際、2002年にはオハイオ州ウェストヴィルの公立図書館で、15歳の少年がポルノのサイトを見ていたことを母親が知り、地元テレビ局で苦情を述べたことがあった。この図書館では選別のソフトウェアをコンピュータにインストールしてあったため、図らずもソフトウェアがわいせつなウェッブ・サイトを完璧に排除するわけではないことを証明することになった。(27)

　また、オハイオ州のフレッシュ公立図書館で、2003年に図書館の新しいウェ

ッブ・サイトを立ち上げたとき、同図書館の使用していた選別ソフトウェアのネット・ナニーによって、同図書館の新しいホームページのサイトが排除され検索できなくなるなど、冗談のような話もあった。これは、必ずしもソフトウェアの技術が、完全に不適切なサイトを選別できるまでには進んでいないことを証明する結果となった。[28]

　また逆に、アメリカの各地で図書館独自の判断で選別のソフトウェアを入れる流れが出てきた。モンタナ州下院議会では、オハイオ州と同様の動きがあった。ただし同州の下院は、図書館への予算決議の段階でこの案を拒否した。これは予算決定の投票がされる際に、図書館にソフトをインストールすることで表現の自由が制限されるという声が上がったのと、学校の図書館で働いたこともあるリンダ・マクロークという州下院議員が強く反対したためであった。この法案は州上院でも否決され、廃案になった。[29]

　いずれにせよ連邦政府レベルでは、最高裁判所でコミュニケーション礼節法や児童オンライン保護法などの法規制は拒否されたものの、1997年ごろから州・地方政府レベルでソフトウェアのインストールを図書館に求める動きが見られたのである。その意味で図書館は、この問題に対して新たなる展開に入ったのである。

(5) ロウドン図書館の独自性

　ヴァージニア州のロウドン郡公立図書館は、1995年3月20日に米国図書館協会の『権利の章典』に変えて、独自の方針を打ち出すことを図書館の理事会で決定した。米国図書館協会の『権利の章典』は1948年に作られ、その後、3度修正されたものだが、基本的に信条、出処、思想、性別、年齢等、異なった背景を持つ考え方を含む人々の表現の自由を尊重し、いかなる検閲も許さないという内容のものであった。ロウドン図書館の理事長デニス・ピアスはそれぞれの地域によって、まったく異なった図書館の使命があることを強調した。ロウドン郡の新しい方針の文言は、基本的にいかなる差別も持たないような内容であったし、検閲なども否定した内容であった。ただ「公共の利益に」という言葉を入れ、その地域の利益を反映することを望んでいるという意思を表した

ことが特徴である。

　これはロウドン郡の住人には福音主義のキリスト教徒が多く、考え方も保守的な地域であったことも反映していた。ピアス自身も「私たちは福音主義のキリスト教の人口が多いところですし、政治的にも活発なところです」と述べ、キリスト教の思想的影響は否定していない。また、図書館のコレクションに干渉はしないと公言する一方で、「（図書館）理事会も多数の保守的共和党員が占めています。もし（図書館の）コレクションに組織だって干渉するなら、今までできたことです」と、公正な立場を取るにしても政治的な影響力があることは否定しなかった。[30]

　1997年、ロウドン郡の公立図書館理事会が、管轄下の6つの図書館においてインターネットの選別ソフトウェアを入れる方針を6対2の投票で決定した。そして、その具体的な規則を11月には5対4の投票で決定したのである。成人はソフトウェアを図書館員に頼んでオフにすることができる一方で、17歳以下の未成年はソフトウェアをオフにする場合、保護者の許可が必要だとした。図書館長はもともとソフトウェアを入れないコンピュータを用意することを推薦していたため、理事会での決定は図書館長のめざした基準より厳しく取り締まる内容であった。これにはファミリー・フレンドリー・ライブラリーなどの保守的な市民団体が、理事に強く働きかけたことが影響した。

　新たに制定されたロウドン郡図書館の規制は、単に子供をわいせつなウェッブ・サイトから守るだけでなく、セクシャル・ハラスメントから図書館を守るという広義のルールであった。ある図書館の理事会の委員は、「夜、女性が図書館のインターネットで検索している隣で、わいせつなウェッブ・サイトを見ている人がいたら、その女性はたぶんなるべく早く立ち去ろうとするでしょう。それは、その女性が公共の場でインターネットにアクセスする権利を奪われるのと一緒です」と、述べている。つまり公共の場においてヌードの画面をインターネット上で見ていることは、女性に「厳しい環境」をつくり、セクシャル・ハラスメントになるということである。

　この決定を受け、ロウドン郡公立図書館は、エックス・ストップ（X-Stop）というソフトウェアを図書館の検索のコンピュータにインストールした。これ

はネット・ナニーやセーフ・サーチのようなソフトウェアよりも性能が良いといわれていたためであった。しかし、エックス・ストップにしても、わいせつなサイトのほかにも医療関係のサイト等もブロックするため、アクセスの自由を求める人々から憲法に保障された権利を侵害していると批判された。1997年は、ちょうどコミュニケーション礼節法に最高裁判所で違憲判決が出た年であり、議会では新たにオンライン保護法の法案が提出され、インターネットのわいせつなサイトから未成年者をどう保護するかが論じられていたころであった。

これに対して、ヴァージニア州の米国自由人権協会のケント・ウイリスは、このセクシャル・ハラスメントの論理に「まったく馬鹿げており、不誠実だ」と反対の意思を表明した。特に成人に対しても規制を加えようとしたことに対し、表現の自由・知る権利・プライバシーの保護の侵害だと見なしたのである。そして1997年12月にリベラルな思想を主張する市民団体ピープル・フォー・アメリカン・ウェイ、1998年2月に米国自由人権協会が別々に、この規制に対して告訴した。

(6) ロウドン郡図書館の主張と人権協会の主張

この告訴に対し、ロウドン郡図書館の弁護士ケン・バースは、図書館がすべての情報を供給できないこともあると主張する。これは本の図書館間の相互貸借と一緒だと主張した。アメリカの図書館では、その図書館のコレクションに利用者の借りたい本がない場合、他の図書館から取り寄せる制度がある。しかし図書館は必ずしも、利用者から要求のあった本を他の図書館から取り寄せなければならないという義務はない。この制度と比較して、バースは同様にインターネットの選別ソフトウェアは、すべての情報がインターネットで利用できなくとも、それは図書館の責任ではない、と述べたのである。どのようなウェッブ・サイトを提供するかは図書館の判断によるのだとした。

これに対し、図書館における不適切なウェッブ・サイトの選別をするソフトウェアに反対する人々は、先に述べたようにロウドン郡図書館の使用した「エックス・ストップ」がポルノではないようなサイトも排除すると主張して技術の欠陥を挙げた。たとえばイェール大学の生物学部、米国大学婦人協会のウェ

ップ・サイトやエイズに関するサイトが排除されていると批判したのである。つまり、技術が完全でないソフトウェアによって成人の知る権利を不当に奪っていると述べたのである。

　ところで、ロウドン郡図書館理事の1人リチャード・ブラックは、米国自由人権協会が訴訟を起こす3日前に共和党から選挙に出馬して、ヴァージニア州下院議員に選出された。ブラックは共和党が「純粋な子供を世話する」政党だと主張して、選挙の勝利宣言では「私たちの図書館や学校からポルノを排除します。私は戦いに戦います。決してあきらめません」と述べ、この問題は一挙に政治が絡んできたのである。

　1998年2月に原告側のピープル・フォー・アメリカン・ウェイと米国自由人権協会は、裁判を一本化した。ここには21人のインターネット利用者とウェッブ・サイトの管理者などが原告団に加わった。同年4月7日の連邦地方裁判所の予備判決では、レオーニ・ブリンキマ判事が、ロウドン郡図書館の主張を退け、選別ソフトウェアによってウェッブ・サイトを制限することは憲法修正第1条の表現の自由に反するという意見を述べた。

　図書館学の修士号の学位も持つブリンキマ判事は公判中の審議の中で、被告弁護士の主張する本における図書館の相互貸借とインターネットの類似性を否定して、むしろインターネットは百科事典のようなもので、図書館の意思で最初から選別することは、利用者の知る権利をも侵害するとした。その前年のコミュニケーション礼節法に対する最高裁判所の判決も判例として引き、憲法修正第1条に反し、インターネットのウェッブ・サイトを選別することで成人の知る権利を侵害すると述べたのである。

　この裁判では、原告側は補足書類の中で、ロウドン郡図書館の使ったエックス・ストップで排除された97のサイトのうち、65のサイトは憲法上の表現の自由が保障される可能性があると主張するなどした。それに対し被告のロウドン郡図書館側は、ソフトウェアは良識的な判断の下で使われるのであり、憲法上の違法性はないと主張した。

　だが、先のブリンキマ判事の考えは変わらず、1998年11月23日、裁判所はロウドン郡公立図書館の行為は違憲であると判決を下した。先に挙げたように、

同図書館のセクシャル・ハラスメントの規則は飛躍した理論であり、修正第1条の表現の自由・知る権利・プライバシーの保護を阻むものとして、違憲であると判断した。また、エックス・ストップのウェッブ・サイトを選別する基準が明確でないので、図書館が確実に個々の利用者の権利を守れるかは確かではないとした。(31)

結果、判決が出て数時間後にはロウドン図書館の理事会が開かれ、新しいガイドラインを作るために現行の規則は一時破棄され、図書館におけるインターネットの使用は中止された。理事会では12月1日に6対2の投票で新しいガイドラインが通過し、その2日後にインターネットのサービスがまた開始されたのである。新しいガイドラインではすべてのコンピュータにプライバシー・スクリーンといって他者からは見えないような工夫がなされた。そのことによってセクシャル・ハラスメントを防ぐ工夫を図書館側が自らなしたのである。そして成人は選別のソフトウェアの入ったコンピュータか、そうでないコンピュータかを選択できることとした。未成年者に対しては保護者の許可の下、コンピュータが使用できるとした。(32)

しかし、ロウドン郡の図書館の行為が違憲だからといって、情報を選別するソフトウェアをインストールすることがすべて違法になったというわけではない。インストールするかどうかはそれぞれの公立図書館ごとに異なり、地域の住人の理解を得られる限りソフトウェアを入れることをするかしないかは図書館ごとの決定に委ねられる。実際、ロウドン郡図書館の裁判の後、フロリダ州のボルサ郡議会は、ジャクソンヴィル市の図書館に選別ソフトウェアをインストールするように指示している。

連邦地方裁判所のブリンキマ判事は、4月1日にロウドン郡図書館に原告の裁判費用等、10万7,000ドルを支払うように命じた。原告のピープル・フォー・アメリカン・ウェイ等のグループが33万ドル、米国自由人権協会が18万7,000ドルと合計で41万7,000ドルを求めていたため、郡図書館としてはかなり助かったことになる。

ブリンキア判事は、原告側は20万8,000ドルを要求する資格があるが、郡図書館の予算が破産することを避けるために、賠償額を低くしたとされる。これ

を受け4月19日にロウドン郡図書館理事会は、7対2の投票で控訴しないことを決め、この裁判は結審した。

多くの公立図書館では、このようなソフトウェアをインストールしてなくとも、図書館使用者に他者に対して嫌悪感を与えるようなサイトのアクセスを控えるよう呼びかけるなどしている。つまり先にも述べたように、図書館はあくまでも独自の決定により、その運営をすべきであり、子供を不適切なサイトから守るのは図書館に委ねられるべきであり、連邦政府による規制は検閲になりかねないとして反対してきたことが見られるのである。

実際、米国図書館協会の1998年の調査では、74.8％の公立図書館はソフトウェアはインストールしていないものの、館内の規則として子供や他者に嫌悪感を与えるサイトへのアクセスを控えるよう呼びかけている。10.7％の公立図書館は規則を作成中であり、ソフトウェアの工夫もしていないと答えており、先の数字と合わせると85％以上の公立図書館では、アクセスの制限はしていなかったということである。[33]

3. 政府側の裁判の勝利——インターネットの規制は可能

(1) 児童インターネット保護法（CIPA）

コミュニケーション礼節法が最高裁判所で違憲判決が出た後、児童オンライン保護法の法案より数か月後に、もう1つ異なった法律案がアメリカ議会で提出された。先の2つの法律が違憲判決で葬り去られたものの、この3つ目の法案は最終的には2003年6月に連邦最高裁判決で合憲判決が出て、インターネットの規制が初めて認められたものである。

1998年2月に、アリゾナ州の上院議員ジョン・マクケイン議員が、公立図書館と学校に、少なくとも1台は子供が安心してアクセスできるように、わいせつな内容を含んだサイトを制限するソフトウェアを入れたコンピュータを導入するという案を出した。[34]

この案では、すべての公立学校と図書館にこのソフトを入れたコンピュータ

を設置することを条件に、政府の補助金ならびに「Eレート」と呼ぶインターネットの割引補償を支給することを約束するものであった。規制に反対する市民団体は、このような規則を決めるのは各地域の役割であり、連邦政府が介入すべき問題ではないと抗議した。

コミュニケーション礼節法や児童オンライン保護法がウェッブ・サイト管理者を規制対象とするのに対し、児童インターネット防止法は、図書館や学校を対象として規則を設けることだった。その意味で、不特定多数の個人・法人のウェッブ・サイト管理者を規制対象とするコミュニケーション礼節法や児童オンライン保護法よりは、学校・図書館という規制対象がはっきりしているだけに、法の内容も現実味があった。

マクケインは、情報を選別するソフトはまだ完全ではないものの、時代とともに技術が発達すること、また法案は公立学校や図書館にソフトウェアをインストールすることを要求するだけであり、どのように不適切なサイトを選別するかは地域の人々の判断に任せられると主張した。[35]

この法案は1998年7月21日に連邦議会の上院で可決された。また同時にこの法案では、3,300億ドルの予算が政府に要求されたのである。マクケインは「子供たちが学校や図書館に行って、両親が決して許さないような不適切な情報にアクセスさせてはならない」として、この法案の正当性を訴えた。しかしマクケインの法案は、法制化する前に第105回国会が閉会してしまい、廃案となった。

だが、マクケインは1999年に、新たに児童インターネット保護法という法案を第106回国会での法制化をめざし再提出した。この法案は、廃案となった防止法と同様に、図書館や学校が、インターネットの選別を行うソフトを直接導入するよう義務付ける内容であった。この法案の内容には、米国図書館協会はすぐに反対の旨を表明した。

法案は結局、2000年6月27日に議会を通過して、同年12月21日にはビル・クリントン大統領が署名し、正式に児童インターネット保護法（Children's Internet Protection Act－通称CIPA）として制定された。先にも挙げたが、各公立学校と図書館がインターネットの選別ソフトウェアをインストールしなければ、まず第1に、この法律によって中学高校教育法によって定められている公立学

校にもたらされる政府の補助金が得られないのと、そして次に政府から得ているインターネット・アクセスの割引（「Eレート」）を受けられないとしたのである。この児童インターネット保護法は、2001年4月20日に施行されるとされた。

1988年から2002年までに公立図書館に対して与えられた補助金は8億8,300万ドルになり、インターネット・アクセスでは同じく4年間で、2億5,550万ドルもの割引が公立図書館や学校になされていた。[36]

施行されて1年目には各学校と図書館は、その法律の基準に合わせて行動を起こしていることを証明しなくてはならず、2年目には法律の要求するところを充たしていることを証明しなくてはならないとした。具体的には政府の連邦通信委員会（The Federal Communications Committee）が、法の施行に関しての規則を作ることになった。連邦通信委員会は2001年3月10日に、各公立学校と公立図書館に同年10月28日までに、法に従って環境を整えていることを報告し、翌2002年7月1日に、完全に選別ソフトウェアをインストールしたコンピュータを完備するよう通達したのである（後に7月31日に引き延ばされる）。[37]

(2) 米国図書館協会の告訴

連邦通信委員会の通達の10日後に、米国図書館協会、マルトノマ郡公立図書館と米国自由人権協会は、フィラデルフィア州の第3巡回控訴裁判所に、児童インターネット保護法が憲法修正第1条に反しているとして訴訟を起こした。

児童オンライン保護法の際は、図書館は反対意見ばかりでなく賛成意見もあり、図書館の総意として原告団に加わり訴訟するまで反発しなかったが、児童インターネット保護法には多くの図書館が強く反発した。それは図書館利用者の表現の自由・知る権利・プライバシーの保護に反しているということのほかに、実際に図書館にかかる費用と補助金が関係したことが大きな理由であった。

つまり最大の理由は、コミュニケーション礼節法や児童オンライン保護法の時とは異なり、特にこの法律に関しては、ウェッブ・サイトを選別するソフトウェアを入れて補助金を得るか、それとも表現の自由と知る権利を守るためにソフトウェアを使わないかの選択を図書館に強いたことが大きな違いであった。

このことは図書館の財政に関わることであり、大きな圧力となった。特に貧しい地域への図書館にとっては、財政面から厳しい選択を迫られることであった。

すぐに図書館側は、貧富の格差を広げる不平等な政策だと批判した。つまり、貧しい地域の図書館は、補助金なくしては運営していくのは困難であり、必然的にソフトウェアを導入して、政府の補助金やインターネットのアクセス割引などの優遇措置を求めなくてはならない。しかし現在のソフトウェアの技術では、ある特定の医療や性に関する情報までも遮断することになり、そのような情報を必要とする人々に、自由な情報を提供できなくなる。つまり貧しい地域の図書館と、選択肢のある裕福な地域の図書館との間に格差を生じることになる可能性が出ると主張したのである。

たとえば、プロ・アメリカン・フットボールの1996年の第30回の最終決定戦「1996年スーパー・ボールXXX（1996 Super Bowl XXX）」について調べたいとき、選別のソフトウェアでは「XXX」がわいせつなウェッブ・サイトだと選別して調べられなくなったりする。また解剖学のサイトや「セックス」、「ヌード」という言葉ばかりでなく「お尻」、「胸」でも反応して選別してしまう可能性があると指摘したのである。[38]

米国図書館協会は表現の自由を最大限に訴えつつも、各図書館が独自の判断でソフトウェアを入れる、入れないを判断することには尊重する姿勢を持っていた。しかし、連邦政府が表現の自由の原則に反する可能性のあることを法律で図書館に強いることに関しては強く反発したのである。

当時の米国図書館協会の会長ジョン・ベリーは「いい情報と悪い情報を選別することは技術的に不可能である……今日において（ソフトウェアは）機能していないし、将来的にも機能しないでしょう」と述べ、「私たちは子供たちに正邪の違いばかりでなく、賢く情報を使うことを教えなくてはならないのです」と、あくまで情報は選別するのでなく、それをどう使うかを大人が教えることの方が重要だと強調したのである。[39]

ところで、クリントン大統領のこの法律に対する立場は、法案が議会を通過した際は署名して法制化を認めたのだが、個人としては反対するという微妙な立場を取っていた。署名した理由は、予算案との絡みがあって署名せざるを得なかっ

たとしているが、議会で法案が通過した際は、ホワイト・ハウスの報道官エリオット・デリンジャーは「私たちは各コミュニティーが受け入れられるような計画を作るように働きかけたい」とどっちつかずの意見を述べるなど、政府がこのインターネットの規制に携わることには当初から消極的であった。[40]

　その一方で、ウェッブ・サイトの選別ソフトウェアを開発する会社は、ビジネス・チャンスと捉え、この法制化を歓迎していた。たとえば、エヌ 2 エイチ 2（N2H2）、サーフ・ウォッチ、シマンテック、ソニック・ウォール等の会社は、ソフトウェアの性能が格段に上がっていることを証明するのに必死になった。法律によって、全米の公立学校、公立図書館に選別ソフトウェアを導入することになれば、市場が一気に拡大することは目に見えていたからである。

(3) 地方裁判での違憲判決

　児童インターネット保護法の裁判は、まずペンシルバニア州の地方裁判所にて行われた。そこでは2002年 5 月31日の判決にて、同法は、コミュニケーション礼節法や児童オンライン保護法同様に、違憲判決が下され破棄された。その理由としては、インターネットを選別するソフトウェアは完璧ではなく、憲法修正第 1 条の表現の自由に守られた多くのウェッブ・サイトも排除するとの理由だった。

　先にも述べたが、コミュニケーション礼節法と児童オンライン保護法の 2 つの法律では、ウェッブ・サイトの管理者を規制することが内容であったが、児童インターネット保護法では図書館や学校といったコンピュータを扱っている側に規制を加えることによって、わいせつなウェッブ・サイトや子供に「害のある」サイトを、他のサイトから排除する内容であった。

　裁判では、エドワード・ベッカー判事は、子供を児童ポルノや子供に「害を与える」サイトから保護する同法の目的に同情を示したものの、インターネットの量や発達、変化の速度等を鑑みて、それに対応して害のないものとあるものを選別できるだけのソフトウェアはないと判断した。また判決文では、図書館が特別なスクリーンを使ったりして、他者に対して嫌悪感をもたらすサイトが見られないようにもできると述べて、成人の知る権利・プライバシーを守り

つつも、児童がわいせつなものに接しないようにできると述べた。

ソフトウェアの会社エヌ 2 エイチ 2 の広報のデイビット・バートはこの判決を受けて、正確に選別できないサイトはほんの少ししかないとして裁判官とは異なった見解を発表した。バートは「私たちは 99 パーセント以上の正確さをもつことを誇りとしています」と伝えている。[41] ただし、ファミリー・ファンデーションのヘンリー・カイザーがミシガン大学と研究した結果によると、87％のみのポルノのウェッブ・サイトが選別されたのに対し、1.4％の健康に関する違法性のないウェッブ・サイトも排除されたとしている。[42]

この判決に関しては、保守的な市民グループは判事の意見に反対の声を上げるなどした。ファミリー・リサーチ・カウンシルのケン・コーナーも、判決を「怠惰」なものだとして批判した。コーナーは「裁判所は両親が子供からオンラインによるポルノから守ることを阻んだものであり残念なこと」であるとコメントを発表した。また同文の中で、米国図書館協会や米国自由人権協会を非難し、「図書館員は、図書館が税金で賄われた『のぞきショー』になったと言っているようなものです。…これらのグループは、子供の利用者や図書館の職員を保護し、図書館を学習の場、働く場として保全するよりも、わいせつなものへのアクセスを供給することの方に関心があるのです」と言って痛烈に批判した。[43]

この裁判の結果を受けた政府側は、この判決を不服として連邦最高裁判所に上告した。最高裁判所は 2002 年 11 月 12 日に上告を認め、この児童インターネット保護法の合憲性を審議することを決定した。以前、コミュニケーション礼節法と児童オンライン保護法など、インターネットに関する規制が連邦最高裁判所において違憲と判断されていたため、児童インターネット保護法に賛成する人々は、裁判所に意見書を提出するなど躍起になった。

たとえば、テキサス州の州司法長官ジョン・コーニン（この時点では連邦の上院議員に選出されたばかりであった）などが、税金で賄われている公立図書館が子供にとってわいせつであったり、他の害になるウェッブ・サイトにさらされていると主張するなど見られた。[44]

(4) 逆転した裁判

　先にも述べたが、司法レベルではウェブ・サイトの選別は、表現の自由・知る権利に反するとして、それまで同様の法律が違憲判決になる一方で、社会の現場では少数ではあるものの地方自治体や図書館が独自に、選別のソフトウェアを入れることを決めるなど、社会状況は少しずつ変わってきた。

　2003年2月24日にはオレゴン州上院議員チャールズ・スターが、学校や図書館の子供のコーナーやその周辺のコンピュータに選別ソフトをインストールすることを求めた法案を州議会に提出した。まさに児童インターネット保護法の州バージョンの法案を提出したのである。この法案では18歳以下は保護者の許可なくして、ソフトウェアを入れてないコンピュータを自由に使うことはできないとした。

　カンザス州においても同年3月11日と12日の州議会の公聴会において、公立図書館の子供のコーナーでの選別ソフトウェアのインストールをする方向で話が進み、同時に図書館員が未成年者に対し、コンピュータ上に不適切な画面を見せた場合、その図書館員を罰することを決めた。またこのほかにもイリノイ州、インディアナ州、ニューヨーク州の地方行政などでも規制の動きが見られた。

　そのような中、2003年6月23日に連邦最高裁判所において、児童インターネット保護法が合憲であるという判決が6対3の投票で下されたのである。つまり司法の場で初めて、コンピュータのインターネットの規制の法律を合憲だと認めたのである。主文ではウイリアム・レンキスト裁判長が、インターネットのアクセスの制限は、公立図書館が特定の本へのアクセスを制限するのと変わりはなく、特定のウェブ・サイトを選別するソフトウェアをコンピュータにインストールすることを求めた法律は合憲であるとしたのである。

　この判決の中では、ソフトウェアがわいせつでもなく、未成年者に害を与えるような内容でもないウェブ・サイトも選別して排除してしまうことに関して、同法の目的のためにはいたしかたないという見解を示した。つまり、未成年者をわいせつ・暴力を含んだ不適切なウェブ・サイトから保護する目的のために、成年者の表現の自由・知る権利が制限されることも仕方ないと認めたのである。

　またレンキスト裁判長は、この法律は議会の権力乱用ではないとの見解を示し

た。議会は政策の目的を達成するために裁量権をもっており、インターネットのアクセスの割引や補助金を受けている公立の図書館は、法の施行が合法的になされているか、政府の判断に従わなくてはならないとしたのである。またレンキスト裁判長は、インターネットは図書館の伝統的な役割である研究、学習等の手助けをするのが目的であり、それに沿って使われるべきであると述べた。

　また賛成意見に回ったケネディー判事は、成人は図書館にソフトウェアを解除してもらうことによって、自由にアクセスできるため問題にならないと述べた。これは口頭弁論の際、司法省の司法次官が述べた言葉を引用したもので、最高裁判所の判事や図書館にも、いったん、ソフトウェアを導入しても成人の知る権利は侵害されないという妥協点を提示したものであった。

　これに対しジョン・ポール・スティーブンス判事は、他の2人の判事とともに反対意見を述べた。その中で、同法が選別ソフトウェアをコンピュータにインストールしない場合の罰則規定を設けることによって、図書館が法に従わなければならないように強要しており、そのことで表現の自由・知る権利を危険にさらしていると述べたのである。[45]

　いずれにせよこの判決は、インターネットの規制を認めた初めての判断であり、アメリカの図書館、特に公立図書館に大きな影響を与えたのである。つまり、未成年者を不適切なサイトから守るという理由があれば、インターネットに関して表現の自由・知る権利が完全に守られることはないとの見解が連邦最高裁判所で示されたのである。

(5) 判決後の図書館への影響

　米国図書館協会の当時の会長モーリス・フリードマンは、ソフトウェアの技術に対して、何が選別されているのか図書館員は知る由もないと疑問を投げかけた。2003年当時には1億4,300万人がアメリカでインターネットを使っていたが、そのうち1割の人々が自宅ではなく公立図書館でインターネットを使用していたといわれる。その意味で、図書館の利用者に対する影響は多少あったことも事実である。そして、この判決は、予算の影響を直接受ける公立図書館に影響を与えた。

いずれにせよ、連邦最高裁判所の判決を受けて、連邦通信委員会は各図書館に対し、2004年7月1日までに、政府の補助金とインターネットの割引を受けるために児童インターネット保護法に従うことを求めた。

これを受け、多くの州の公立図書館では、児童インターネット保護法に従うことを決定するのが見られた。それは、政府の補助金やインターネットの割引が、図書館の財政に大きく影響したからである。特に、貧しい財源しかない図書館は、同法に従う以外になかったといえる。たとえばテキサス州エルパソ公立図書館では、同法に従うことで37万ドルの予算を削減できるとして、選別ソフトウェアを導入することを決定した。このほか、ウイスコンシン州ミルウォーキー公立図書館では5万ドル、ニューヨーク公立図書館、ブルックリン公立図書館はそれぞれ50万ドルの削減が可能だとして同法に従うことにした。

ミネソタ州では36の公立図書館を擁する東南図書館協同（Southeast Libraries Cooperating）という図書館委員会が、管理下の図書館のコンピュータに選別ソフトウェアを導入することを決定した。

しかし、図書館の決定は必ずしも一定のものではなかった。たとえばカリフォルニア州サンフランシスコ公立図書館やコネティカット州ブリッジポート公立図書館では、政府の介入から図書館の独立性を保つために、同法律には従わず政府の補助金とインターネットの割引を受けないことを決定した。[46] アイオワ州の多くの図書館では、1か月あたりのインターネットのアクセス料金が20ドル程度だったため同法があまり影響ないとして従わないことにした。

ニュー・ハンプシャー州の公立図書館も「ウェッブ・サイトの選別ソフトは効果がない」として情報の自由なアクセスを利用者に認めることを決めた。同州の公立図書館の1つのフランクリン公立図書館の館長ロブ・サージェントは、一度はインターネットの割引を1,700ドル受けたものの、申請手続きが煩雑で、やる意味がないと判断した。その上で、コンピュータの使用について同館長は「利用者は自らの責任で判断し、利用する」と述べて選別ソフトウェアをはずしている。このほか、オレゴン、メリーランド、ヴァージニア、ノース・カロライナの州のいくつかの図書館は、連邦の法律に従わないとしたのである。

ただ児童インターネット保護法に従わないことが、選別のソフトウェアをイン

ストールしないということでもなかった。たとえば、オハイオ州スターク郡公立図書館やシアトル公立図書館も児童インターネット保護法に従わないことを決めたが、各図書館の独自の規則に従って、未成年に不適切なウェッブ・サイトを検索できないようなソフトウェアを入れるなどしたのである。結果的には児童インターネット保護法の規制内容を実行したのであるが、そのことによって連邦議会からの補助金や割引を受けることを歓迎はしなかったのである。これらの図書館は、連邦政府が図書館の業務に関して干渉することを嫌ったのであり、図書館における表現の自由への判断は自らすることを示したのである。[47]

シアトル公立図書館の広報のアンドラ・アディソンは「私たちは児童のコーナーのコンピュータにはウェッブ・サイト選別のソフトウェアをインストールしています。……しかし若い人たちはこの建物ではどのコンピュータ、成人用のソフトウェアを入れていないコンピュータも含めて使うことができます」と述べた。また連邦政府の補助や割引が受けられないことは、財政的に大きなことではないと述べた。これは同図書館が財政的に困っていないからこそ、連邦の法律に従わなくてもやっていけることを示していた。

ところで児童インターネット保護法の合憲判決に伴い、ウェッブ・サイトの選別ソフトウェアを導入したところの中で、法律の文面以上に厳しい条件を課しているとして米国自由人権協会に抗議を受けた地域の図書館もあった。ロード・アイランド州の公立図書館では、協同図書館自動ネットワークという管轄組織がソフトウェアの導入の業務を行ったが、児童を保護する際に選別する分類として「セックス、大人の内容、裸」と分けた。

その後、同州のプロビデンス公立図書館でヌーディストの行動について調べていた研究者が、それに関したウェッブ・サイトにアクセスできず、図書館員に選別ソフトウェアを解除することを要請したときに断られたことがあった。このことを知った米国自由人権協会は、連邦の法律の文面に従わず過剰に表現の自由と知る権利を制限しているとして図書館に抗議したのである。これは「裸」という言葉で選別したら、医学的なウェッブ・サイトも排除してしまいかねないからである。これに対し協同図書館自動ネットワークは、選別の分類の規定を変えることにした。[48]

(6) 判決後の州政治への影響

　また、児童インターネット保護法の合憲判決は、州や地方行政にも大きく影響を与えた。たとえばユタ州では、児童インターネット保護法と同様の内容の州法を採択した。州下院は2004年2月24日に69対2で、州上院は同年3月2日に、各公立図書館がインターネット選別ソフトウェアを導入することを義務付ける州法案を通過させた。同法に従わない場合、州からの予算をカットするとしたのである。このほか、コロラド、フロリダ、インディアナ、カンザス、オハイオ、ヴァージニアの各州議会で、同様の法案が提出され法制化したり、法制化へ向けての審議を決定したりしたのである。州政府の動きは、公立図書館にとって直接的に予算に関わることであったため、連邦の法律以上に強制力を伴うものであった。[49]

　オハイオ州では、州上院議員のスティーブ・オーステリアが法案を提出し、18歳以下の利用者については選別ソフトウェアなしでのコンピュータの使用と、ビデオ等のオーディオ・ヴィジュアルの貸し出しの際は保護者の許可が必要だとした。図書館がこれを実行しなければ、州から図書館への補助が打ち切られるとした。しかしこの法案に関して、251の公立図書館を管理するオハイオ図書館委員会が過剰な規制だとしてオーステリアに抗議し、法案の文面を変えるように交渉した。結果、18歳以下の利用者はビデオの貸し出しには保護者の許可が必要なものの、選別ソフトウェアの解除は保護者の許可なしで図書館員に要求できるとした。[50]

　このほか、州政府が選別ソフトウェアにかかる費用を負担することで、図書館の協力を求めるケースもあった。カンザス州の法案は児童インターネット保護法と異なり、コンピュータの選別ソフトの費用を州が払うとしたものであった。ただしこの法案では、ソフトウェアのインストールされていないコンピュータを子供に使わせるのを保護者が許可できるとした点が異なっていた。

　ところで、州政府が連邦政府の規制とは逆の立場を取ったという例もあった。メイン州では、児童インターネット保護法の規定に従わず連邦政府の補助金やインターネットの割引を受けられなかった図書館に対し、補助金を出すことを決めた。2004年の州下院の立法では、図書館が連邦政府から割引の特典を受け

ることで、図書館のめざす方針を実質的に曲げてしまうと判断したとき、わざわざ割引の申請をしなくてもよいとしたのである。そして、不足分については州政府が予算を割り当てるとしたのである。もともと州の図書館委員から提案があったのだが、このことは州下院でも議論され、わずかな票差で予算案が決定したのである。そして州全体で30万ドルまでの補助金が割り当てられるとしたのである。[51]

2005年5月3日にメイン州の公共事業委員会が発表した行政命令の中では、約50の公立図書館が連邦政府からのインターネット・アクセスの割引を受けないことを想定して、1つの図書館に割引を受けられない分59ドルが支払われることが明記された。これを見ると、州と通信会社の契約で図書館の1か月あたりのインターネット料金が125ドルであり、インターネット料金そのものも安いので、連邦政府から割引されない分の補償として2005年から2006年の年間予算は3万8,500ドルが割り当てられたのである。[52]

4. まとめ

1990年代半ばからわいせつであったり、暴力的であったりするインターネットのウェッブ・サイトの規制を求める声が、倫理観の向上を求めるグループやキリスト教系保守派のグループから上がり始めた。連邦政府ではこのような声に応じて連邦議会に法案が提出され、コミュニケーション礼節法、児童オンライン保護法、児童インターネット保護法、またこの章には取り上げなかったが児童ポルノ防止法などが法制化された。

しかし、司法の場では憲法修正第1条に定められた表現の自由、知る権利を制限することはできないということから、これらの法律に反対の声が米国図書協会、米国自由人権協会、ジャーナリスト、出版社、テクノロジー系の会社等から上がった。

司法の場では、ウェッブ・サイトの管理者への規制を加えようとしたコミュ

ニケーション礼節法や児童オンライン保護法には、違憲判決が言い渡された。裁判官は、児童をわいせつなウェッブ・サイトから保護する目的には賛成しても、実際に規制する場合、大人の知る権利や表現の自由まで奪うことになりかねないとして合憲ではないと判断したのである。それはまた、インターネットというそれまでは政治の中で規制が加えられてこなかったものに、技術的に法律の施行を実現できるのかが不明だったことも違憲判決に大きく影響を与えたのである。特にこれらの2つの法律では、不特定多数のウェッブ・サイト管理者の規制をめざしたことと、「わいせつ」「害のある」等の文面の定義の解釈が困難であったため施行することはできないと判断されたのである。

　コンピュータを扱う図書館において、わいせつであったり、子供に害のあるウェッブ・サイトを選別ソフトウェアで規制することを求めた児童インターネット保護法にしても、技術面での実現性に関しては完全なものではなかった。しかし、司法の場では最終的にこの法律に関しては合憲性を認めたのである。しかも、憲法に定められた表現の自由や知る権利を多少は犠牲にしても、子供の保護のために選別のソフトウェアをインストールすることを認めるという見解を裁判所は示したのである。その意味でこの連邦最高裁判所の判決は、アメリカの公立図書館に大きな波紋を投げかけた。

　このインターネットの規制と表現の自由という原理の保護をめぐって、さまざまな立場や主張がぶつかり合い、一定の方向へと政治が動いていった。そこにはアメリカの民主主義を考察する上で、重要な要素が見られたのである。つまり民主主義という成文法があっても、それを実現しようとする人々がいなければ民主主義は実現できないということである。憲法の表した民主主義の原理の判断は、裁判官ばかりがするのではなく、規制に賛成する者も反対する者もそれぞれの解釈を基に声を上げ、主張をぶつけ合う。そのダイナミズムの中に民主主義が成り立つのである。

　このインターネットの規制に対して、アメリカの民主主義の中で対立（または協調）する3つの要素を挙げることができる。まず、表現の自由という基本原理と子供の保護という倫理観のぶつかり合いである。そして次に、政府と市民グループの対立構造が挙げられる。そして最後に、政府内また政府間の協調

と対立もあったということである。

　最初に挙げた、表現の自由という基本原理と子供の保護という倫理観のぶつかり合いとは、どこまでも平等に知る権利と表現の自由を守ろうとする図書館と、子供をわいせつなものから守ろうとする保護者や団体とのぶつかり合いであった。また、憲法の原理を守ろうとする司法の立場と、現実の声に対応しようとする議会の立場の対立でもあった。表現の自由という原理は誰しも基本的に重要だと認識しているものの、どうそれを解釈し、対応するかはまったく別問題であった。図書館員にしても、現実的には、わいせつなウェッブ・サイトを見ている人がいれば、公共のエチケットとして、注意するのが普通である。しかし、それを連邦の法律で規制されることには反対するのが見られた。

　また第2の政府と市民グループの対立構造とは、政府による法規制であっても、民主主義の基本原理に規制を加えることに反対の声を上げ、行動をする人々や団体がいるということである。児童インターネット保護法が合憲と判断されても、表現の自由が規制されると考えたいくつかの図書館は、連邦政府の補助金や割引の特典を受けないことをあえて選んだりした。これは政府の判断がいつも絶対ではなく、民主主義の原理は個々に判断するということである。それは言い換えれば、民主主義社会の下では市民は政府に個人の権利の部分的な委譲をする代わりに、政府は個人の権利を守る義務があるという考えが浸透していることを示したとも言える。

　シアトルの公立図書館で見られたように、児童インターネット保護法には従わず、ほとんどのコンピュータでインターネットの規制を設けない一方で、児童コーナーに置かれているコンピュータだけにはウェッブ・サイトを選別するソフトウェアを導入して、わいせつであるようなサイトを排除するなどした。そこには表現の自由という絶対原理に関しては、たとえ政府であっても干渉できないという姿勢をもって対応した姿があった。もちろん、政府の判断を受け入れた地域もあったし、それもまた、自立した判断で図書館の方向性を決定したとも言えるのである。

　第3には政府内または政府間の協調と対立である。アメリカの三権分立と連邦制度という政治制度に起因することである。これは憲法に定められた表現の

自由の解釈をめぐる裁判所（司法）の判断と未成年者を不適切なウェッブ・サイトから保護しようとする議会（立法）の解釈の相違からくるものであった。また、表現の自由を実現するときの連邦政府と地方政府の対応の違いからくるものであったのである。

特に後者に関しては、たとえ連邦政府の取り決めであっても、図書館は地域のものであり、地域の住人の声が反映されなければならないと考える地方政府が、独自にインターネットの規制を加えたり、逆に自由を尊重したりするような政策を模索するなど見られた。連邦議会で通過した児童インターネット保護法に対して、しかも最高裁判所で合憲だと認められたのにもかかわらず、メイン州では、同法に従わなくても、州内の公立図書館の方針を尊重する政策を打ち出すなどした。まさにそこにも、アメリカの民主主義の原理が実現している姿が見られたのである。

民主主義の原理を定めた法律も当然、大切である。また司法、立法、行政という機関や選挙などの制度も重要である。その上でアメリカの民主主義は個々人がそれを実現しようとするところに存在している。民主主義を解釈するのは裁判官ばかりでなく、民衆も解釈し声を上げ、行動するところにアメリカの民主主義がある。図書館におけるインターネットの法制化にしても、図書館員、利用者、賛否の声を上げる各種グループ、図書館を管理する行政、法律を作る議員、合憲性を判断する裁判官とさまざまな人々やグループが作り上げているといえるのである。

■注

(1) Hobbling the Internet. 1995. *The Washington Post,* February 26, 6.
(2) Schwartz, John. Ibid.Sexually Explicit Story Sparks Debate Over On-Line Rights. February 27, 20.
(3) Schwartz, John. 1995. On-Line Obscenity Bill Gaions in Senate. *The Washington Post,* March 24, 1.
(4) Gordon, Flagg. 1995. ALA Opposes Online 'Decency' Bill. *American Libraries* 26 (5):388.
(5) Belsie, Laurent. 1995. Schools Move to Curb Pornography in Cyberspace. *The Christian Science Monitor,* May 17, 1.

(6) Schwartz, John. 1995. Making the On-Line Community Safe for Decency -- And Democracy. *The Washington Post,* May 29, 17.同じ公聴会では表現の自由を擁護する民間団体「センター・フォー・デモクラシー・アンド・テクノロジー」のジェリー・バーマンはファインスタインの意見に対して「すみませんが、上院議員、それ（いかなる表現の自由も認められること）はこの国のすべてなのです」と反論している。

(7) Schwartz, John. 1996. Abortion Provision Stirs On-Line Furor. *The Washington Post,* February 9, 1.

(8) Berry, John N. 1996. Policy, Politics, and the Internet. *Library Journal* 121 (6):6.

(9) Federal Court Rejects Communication Decency Act. 1996. *American Libraries* 27 (7):11.

(10) Reynolds, Holding. 1996. Court Protect Free Speech on Internet. *The San Francisco Chronicle,* June 13, 1.

(11) Greenhouse, Linda. 1997. Spirited Debate in High Court on Decency Rules for Internet. *The New York Times,* March 20, 10.

(12) G.F. 1997. Supreme Court Hears ALA's CDA Challenge. *American Libraries* 28 (5):13.

(13) Greenhouse, Linda. 1997. The Supreme Court: Court, 9-0, Uphold State Laws Prohibiting Assisted Suicide; protects Speech on Internet. *The New York Times,* June 27, 1.
Hull, Mary E. 1999. *Censorship in America.* Santa Barbara: ABC-CLIO, Inc.30-32.

(14) Gordon, Flagg. 1997. Supreme Court strikes down Communication Decency Act. *American Libraries* 28 (7):11.

(15) Wilkins, Julia. 1997. Protecting our children from Internet smut. *Humanist* 57 (5):4.

(16) Hull, Mary E. 1999. *Censorship in America.* Santa Barbara: ABC-CLIO, Inc.34-35.

(17) Oder, Norman. 1998. Legal Scholar: Son of CDA May Be OK. *Library Journal* 123 (14).

(18) Schwartz, John. 1998. A New Battle Shapes Up Over Internet Smut. *The Washington Post,* August 10, 23.

(19) Hull, Mary E. 1999. *Censorship in America.* Santa Barbara: ABC-CLIO, Inc.32-33.

(20) Flagg, Gordon. 1999. Judges question COPA constitutionality. *American Libraries* 30 (11):12.

(21) Greenhouse, Linda. 2001. Justices revisit the Issue of Child Protection in the Age of Internet Pornography. *The New York Times,* November 29, 28.

(22) Lane, Charles. 2004. Justices Oppose Internet Porn Law. *The Washington Post,* June 30, 1.

(23) Greenhouse, Linda. 2004. Court, 5-4, Blocks A Law Regulating Internet Access. *The New York Times,* June 30, 1.

(24) DiMattia, Susan. 1997. Ohio's Medina PL Draft Net Guidelines.Without Filters. *Library Journal* 122 (8).

(25) Oder, Norman. Ibid. Ohio House Passes Bill To Filter Net.

(26) Oder, Norman. 1997. Ohio Senate Retreats On Filtering. *Library Journal* 122 (11).

第3章　テクノロジーの向上　　105

(27)　Goldberg, Beverly. 2002. Censorship Watch. *American Libraries* 33 (4).
(28)　Quick Takes. 2003. *American Libraries* 34 (1).
(29)　G., B. 1997. Censorship Watch. Ibid. 28 (6):21.
　　　B.G. 1999. Loudon County Library Loses Filtering Lawsuit. *American Libraries* 30 (1).
(30)　St. Lifter, Evan. 1995. County Library Drops ALA Bill of Rights to Adopt its Own. *Library Journal* 120 (7).
(31)　Hull, Mary E. 1999. *Censorship in America*. Santa Barbara: ABC-CLIO, Inc35-36.
(32)　B.G. 1999. Loudon County Library Loses Filtering Lawsuit. *American Libraries* 30 (1).
(33)　Hull, Mary E. 1999. *Censorship in America*. Santa Barbara: ABC-CLIO, Inc.111.
(34)　The Internet School Filtering Actという法律案。
(35)　Schwartz, John. 1998. A New Battle Shapes Up Over Internet Smut. *The Washington Post*, August 10, 23.
(36)　Court Overturns CIPA: Government Will Appeal. 2002. *American Libraries* 33 (7):18.
(37)　Ardito, Stephanie C. 2001. The Internet Filtering Legislation. *Information Today* 18 (6):14.
(38)　Ibid.
(39)　Lau, Debra. 2002. Supreme Court to decide CIPA's Fate. *School Library journal* 48 (5):17.
(40)　Schwartz, John. 2000. protests Arise Over Business Aspect of Censoring Web. *The New York Times*, December 21, 4.
(41)　Schwartz, John. 2002. Court Blocks Law That Limits Access to Web In Library. *The New York Times*, June 1, 1.
(42)　Lane, Charles. 2003. Ruling Backs Porn Filters In Libraries. *The Washington Post*, June 24, 1.
(43)　Winter, Elisabeth. 2002. Judges Find CIPA Unconstitutional. *Information Today* 19 (7):3.
(44)　Lane, Charles. 2002. Justices to Hear Internet Porn Case. *The Washington Post*, November 13, 8.
(45)　Greenhouse, Linda. 2003. The Supreme Court; Court Uphelds Law To Make Libraries Use Internet Filter. *The New York Times*, June 24, 1.
(46)　Minkel, Walter. 2003. FCC sets deadline for CIPA compliance. *School Library journal* 49 (9):26.
(47)　Oder, Norman. 2004. CIPA Deadline Looms, Large PLs in Poorer Areas Squeezed. *Library Journal* 129 (5):16.
(48)　Oder, Norman. 2005. RI Libraries Overblock Under CIPA. *Library Journal* 130 (10):18.
(49)　Goodes, Pamela A. 2004. CIPA Fallout Filters Down to States. *American Libraries* 35 (4):12.
(50)　Minkel, Walter. 2004. Ohio to Adopt a Less Stringent CIPA. *School Library journal* 50 (4):24.
(51)　DiMattia, Susan. 2004. Maine To Replace CIPA Losses. *Library Journal* 129 (10):22.
(52)　Maine Telecommunications Education Access Fund Recommends Public Utilities Commission Concerning Operation of MTEAF From July 2005 Through June 2006. 2005. *US Fed News,* May 3.

第 4 章

国内外の政策と図書館

1. 国内外の状況変化

(1) 戦争と国内の安全保障

　アメリカにおいて、図書館が政治的な影響から完全に独立したことはなかった。国内外の状況とそれに付随する国内、外交政策によって、常に政治の影響を受けてきたのである。図書館の蔵書の中には科学技術に関する本や政府の刊行物などの情報を扱っているものもあり、国家の外交政策に影響があるような情報に関しては政府が取り締まった歴史があった。特に戦時や国家間の外交関係が悪化している時においては、スパイから国家の機密を守ったり、敵国に利益を与えるような情報に関しては政府が取り締まりを行ってきた歴史がある。
　しかし同時に、アメリカにおいては憲法修正第1条によって表現の自由、知る権利が保障されており、個人の権利に対する政府の干渉に市民が反対し、抗議し、時には法廷に訴えることも見られた。
　たとえば第1次世界大戦時、5人のロシア生まれの移民が反政府主義を唱えるパンフレットを頒布した。この5人は1918年のスパイ法（Sedition and Espionage Acts）により逮捕された。このスパイ法は、戦時下において国家に不忠誠を唱える刊行物を不法として取り締まる法律であった。同法はウッドロー・ウィルソン大統領の政権下で成立した法律で、違憲判決が出るまでに2,000人の人が、国家への不忠誠を唱えるものとして逮捕されたりした。これに対し、この事件で逮捕された5人は、「表現の自由」を説く憲法修正第1条に反するとして訴訟を起こした。この結果、1919年に最高裁判が原告の意見を支持し、

スパイ法は違憲であるとの判決を下した。この事件は、たとえ反政府主義の言論であろうと、暴力や犯罪等、刑事事件でない限り、思想の自由は守られることを示した例の1つであった。[1]

(2) 冷戦時代──反共主義・公民権運動時代

　戦時中はスパイを取り締まる活動が行われていたが、戦時中の間だけ、政府は国内のスパイ活動の防止に躍起になったわけではない。第2次世界大戦後も東西の冷戦の緊張感の中で、アメリカ政府は国家の機密に対し、機密の公開に制約を加えるなど見られた。しかし同時に市民レベルでは、政府が個人の表現の自由に干渉を加えようとしたときに、憲法の権利を主張し、抗議する行動が見られた。

　たとえば1960、1970年代はアメリカにおいて国外ではベトナム戦争、国内では公民権運動が起こり、市民レベルで政府に対する不信が高まった。東西冷戦の象徴ともいえるベトナム戦争は、国家においてもさまざまな形で表現の自由が制限された。しかし、そのような状況でも市民レベルでは反ベトナム戦争を唱える言論が見られ、それを禁じようとする権威に対して反抗し、抗議する姿が見られた。たとえばアイオア州の公立学校の生徒2人がベトナム戦争に反対して、黒い喪章を腕につけて登校したところ学校より休学を命じられた。学生はこれに対し、表現の自由を侵害されたとして訴訟を起こした。その結果、最高裁判所の判決で学生の主張が認めらるなどしたのである（Tinker v. Des Moines School District, 393 U.S. 503）。

　また、政府による国家機密の保護と表現の自由が争われた例として、1971年に、ニューヨーク・タイムズ紙が国務省のベトナム戦争に関しての機密文書を公開した事件があった。公開された機密文書は「ペンタゴン・ペーパー」と呼ばれるもので、この中ではハリー・トルーマンからリンドン・ジョンソンに至る歴代大統領が議会の承認を得ずに外交政策、特に戦争政策を行ったという内容がつづられていた。国務省は差し止めを求めて裁判所に訴えたが、ニューヨーク・タイムズ紙は憲法に保障された「表現の自由」を楯に出版の正当性を訴えた。

　その結果、最高裁判所では出版社の主張を認める判決を出したのである。こ

の事件では連邦裁判所は、ニューヨーク・タイムズ紙が政府の虚偽から市民を守ったのであり、政府からの検閲に対して、この場合、国家機密であろうともそれを発表する表現の自由は制限されないと判断した。ヒューゴー・ブラック判事は「マス・メディアは統治者に仕えたのではなく、市民に仕えた」のであって、それにより民主主義を守ったと解釈したのである（New York Times v. United States, 403 U.S. 713）。

ただし表現の自由と規制について、いつも政府と民衆が対立する構造で捉えることはできない。民衆が自ら表現の自由を規制することもある。マスメディアが表現の自由の下にいつも正しい情報を流すとは言えないからである。たとえば、責任ある報道を求める機関としてフェアネス・アンド・アキュラシー・イン・リポーティング（Fairness and Accuracy in Reporting）という団体は、マスメディアの情報の監視をするなどしている。これはジャーナリズムも親会社やその株主の思想に影響を受けており、必ずしも公平な報道をできるとは限らないという考えから来ている。それにマス・メディアも競争社会であり、いかに視聴率・読者を増やすかに重きを置くばかりにセンセーショナルなニュースに走る傾向があるとの考えから来ている。したがって、責任ある言論の自由を求める民間の団体も存在しているということである。

(3) 1970年代、1980年代に見られた政府の図書館への介入

歴史的に見ると、政府が図書館から個人情報を取得することを決めた行政の動きが1970年代、1980年代にあった。これは連邦捜査局（FBI）による「図書館覚醒プログラム（Library Awareness Program）」という動きで、図書館を使っている東欧特にソ連のスパイを監視するために、図書館員に連邦政府の反諜報活動に協力するように認識を高める目的を持っていた。技術情報局の報告書のように公開はされているものの、細心の注意が必要な情報などが図書館には保管されている。それを東欧・ソ連の諜報員が取得するのを防止するためのプログラムであった。連邦捜査局員は図書館員に対して、東欧の訛りのある英語を話し、あやしい行動をする人物についての情報を集め、どのような本を借りたのか、またどうような質問を図書館員にしたのか等を、法的権限もなく聞いた

り、情報提供を求めりしたのである。[2]

　1987年代後半に連邦捜査局が、図書館にスパイ活動をしていると思われる利用者を通告するよう要請していたことが大々的に明るみになってきた。図書館の情報誌である1988年4月号の『アメリカン・ライブラリー』誌によると図書館・情報科学に関する全米委員会が、1988年1月14日に連邦捜査局と会合を行ったことが報じられた。そこで明らかになったのは、連邦捜査局は25の図書館に協力を求め、ほとんどの図書館がそれに協力する姿勢を示したが、コロンビア大学の図書館は協力を拒否したということであった。連邦捜査局調査部のトーマス・ドゥ・ハドウェイは、図書館をスパイ監視の場として利用する意思はないと同委員会に伝えており、あくまでスパイと思われるあやしい人物に対しての注意を促すことを目的として要請したと主張した。

　ドゥ・ハドウェイは、1986年に国連で科学部門で働いていたソ連人のジェナディ・ザカロフの例を挙げて、図書館がソ連のスパイの標的になっていることを訴えた。ザカロフは当時、クイーンズ大学に通う学生に対して、情報収集の協力を求めたのである。同年9月に、同学生が捜査当局に通報したことでザカロフは逮捕された。ドゥ・ハドウェイはソ連のエージェントが、科学技術者を雇うよりも科学や技術に関して専門の図書館員を諜報員として雇う可能性があると述べ、プログラムの正統性を主張した。その理由は、技術者はシステムを作り上げることができるのみだが、図書館員は直接、情報源に接触できるという理由であった。

　これに対し連邦政府管轄の図書館・情報科学に関する全米委員会の委員長ジェラルド・ニューマンは、「私は公平な立場にあるべきですが、捜査局のしていることを代弁したいと思います。……私たちは、委員会として、情報へのアクセスが自由であることを確認する責任があります。しかし私たちは合衆国憲法を保持するもう1つの責任があると思います。……それはもっと重要な責任であり、私たちの民主主義と共和国政府を保護する市民の責任なのです」と述べた。つまり、図書館を管理する行政の委員会の委員長は、敵国の諜報活動を取り締まるため、この場合、国家の保護が表現の自由より重要だとし、連邦捜査局への協力の立場を述べたのである。

(4) 実際に政府当局は図書館で何を捜査したのか

　1988年に連邦捜査局が大学の図書館に捜査依頼したとき、主に調べたことは「あやしい利用者」がどのような本を借り、どのようなデータベースを使っていたかを調べることだった。たとえばヒューストン大学では、図書館間の貸し出しサービスで利用された本や利用者のコンピュータのデータベースの利用状況を監視することを政府当局より要請された。ペンシルベニア州立大学の図書館では東ドイツ大使館員によって要求された博士論文の、シンシナティー大学の図書館ではソ連市民の読書状況の監視を要請されたという。またニューヨーク大学の図書館では、コピーとデータベースの使用状況の監視を要請を受けた。またヴァージニアのある大学では、ミサイル基地についての本を読んでいたソ連国籍の利用者の図書館カード等のサービスを、政府当局の要請に従って禁じるなどしたのである。

　実際、政府当局が裁判所の捜査令状をもって図書館の利用者の権利を奪うことなども見られた。たとえばニューヨーク州立大学バッファロー校の図書館では、連邦捜査官が裁判所から捜査令状を取り、イラクからの留学生がデータベースを使って研究することを禁じた。ここまではっきりした行政の執行がなされなくても、各図書館にスパイ活動を監視する協力を求める例がいくつかあった。たとえばミシガン大学の図書館やフロリダ州の公立図書館などでは、連邦捜査局員がやって来て、図書館員に愛国的な行動をするように促した。このほか、メリーランド大学、ウイスコンシン大学、カリフォルニア大学ロサンゼルス校、コロンビア大学に捜査局から反諜報活動の捜査協力の要請があったという。[3]

図15　図書館の書架（著者撮影）

(5) 連邦捜査局の要請を拒否した図書館の立場

　連邦捜査局の「図書館覚醒プログラム」やその他図書館の利用者のプライバシーに触れるような行政の要請に対して、各図書館協会は反発する姿勢を見せた。コロンビア大学図書館の学術情報サービスのポーラ・カーフマンは、1987年6月に連邦捜査官2人に捜査の協力を求められたが、それを拒否した。

　その旨をカーフマンは米国図書館協会に報告している。その手紙の中で、「彼ら（連邦捜査官）はニューヨーク市において図書館覚醒プログラムの下、捜査をしており、ソ連などアメリカを敵と見なす国の外国人の図書館の使用について図書館員に警戒を促しており、なんらかの活動に気づいたら連邦捜査局に通報してほしいと言いました。……いずれにせよプライバシー、秘密主義、学術の自由における私たちの哲学と方針を述べ、彼らに協力する用意はないと説明し、彼らに対しここ（図書館）では（連邦捜査官を）歓迎しないことを伝えました」と述べている。(4)

　ニューヨーク公立図書館の広報部長ベスティー・ピノバーも、州の法律や図書館の規則でプライバシーを守るために個人情報の開示はできないと、連邦捜査局の捜査に反対する意見を述べた。

　また米国図書館協会のジェームズ・シュミットも、全米38州で図書館のプライバシーに関する情報の秘密を守る法律があり、また図書館における個人情報の開示は倫理的にもできないと政府当局の捜査に反論したのである。そして、図書館協会では連邦捜査局長官に対して、図書館への捜査に関しての説明を求めるなどした。(5)

　図書館の立場はあくまでも、図書館の利用者はその知る権利を守られる必要があるということ、またリサーチの内容についてプライバシーの権利が守られるべきだというものであった。また東欧、ソ連と思われる英語の訛りがあるだけで、その利用者を監視することはできないと主張したのである。他国からの留学生や他民族の移民者が多くいるアメリカにおいては、英語に訛りがあるだけで疑いをかけること自体に問題があり、人権侵害と見なされてもおかしくないと図書館員は主張したのである。

　しかし、連邦捜査局はまったく異なった視点を持っていた。それは国家の安

全保障もまたアメリカ政府を守ることであり、それは表現の自由やプイラバシーの侵害以上に重要なことであると考えたのである。

　図書館の批判に反応して、連邦捜査局では連邦捜査局局長補のミルト・アーラリッヒが「私たちは、わが国の安全保障を危険に陥れる潜在的分野の情報にアクセスしようとする、敵の情報局やその諜報員の存在の可能性について警告を促しているだけである。この点に沿って、ニューヨークのオフィスの捜査員が潜在する危険について（図書館員に）警戒を促し、協力を求めるためにニューヨークの図書館のスタッフに連絡を取った」と述べている。連邦捜査局は特にソ連の国家保安委員会（KGB）の諜報員が、機密でなくとも国家安全に関連する情報などの収集に警戒を促しただけだと、連邦捜査局の活動の正当性を述べた。[6]

(6) 連邦捜査局のプログラムに対する議会の動き

　この問題は、連邦政府と図書館の間の問題にとどまらず、アメリカ連邦議会でも取り上げられた。1988年5月17日、図書館覚醒プログラムについての上院司法委員会の公聴会で、ヴァーモント州のパトリック・リーハイ上院議員の質問に答えて、連邦捜査局の長官ウイリアム・セッションは国家防衛の重要性を主張し、図書館覚醒プログラムの正当性を唱えている。セッションは、連邦捜査局のスパイ防止活動の責任の一環として、疑いのある外国人の図書館の利用について調査をしているとその事実を認めた。そして、「彼らがいるところへは、どこにでも我々はいなくてはならない」と外国人の諜報活動を防止する必要性を述べた。[7]

　連邦下院議会においても、連邦捜査局のプログラムについて1988年6月20日に、下院司法委員会の下にある「市民と憲法の権利についての小委員会」で公聴会が行われた。ここで情報局捜査局長補のジェームズ・ギアが、ソ連の諜報員が科学・技術に関する情報の収集をしてアメリカの国家安全に危険をもたらすと、同プログラムの重要性を記す意見書を提出した。

　これに対し図書館側の証人や専門家は、プログラムに批判の声を上げた。リサーチ図書館協会の事務局長ドゥアン・ウェッブスターは、この図書館覚醒プログラムはあいまいな規定がなされ、政府当局に悪用・乱用される可能性があ

り、「思想の世界に寒々とした結果」をもたらすと批判した。また、特別図書館協会もこのプログラムに批判の声を上げた。先の公聴会以前に、連邦捜査局が特別図書館協会について、協力が得られたとの報告したことがあった。それに対し、特別図書館協会の常任理事デイビッド・ベンダーは、この連邦捜査局の報告は真実ではないと発言し批判した。

連邦捜査局の捜査依頼を拒否した、コロンビア大学図書館のカーフマンも証人として発言し、「私たち社会は、図書館において外国人が公開された情報の使用による脅威以上に私たちの基本的プライバシーの権利と公的情報へのアクセスを失うというもっと大きな脅威に直面しているように思います」と述べた。また米国図書館協会の知的自由委員会のジェームズ・シュミットは、全米のうち38州とワシントン地区行政区における法律または図書館の職業倫理のルールにより、図書館の情報の秘密性は守られると述べ、唯一、捜査官が裁判所からの捜査令状または召喚状を持参してくるときのみ捜査できると述べた。シュミットは、「図書館覚醒プログラムは（アメリカの）根本原理を脅かすものである。もし続けられれば、市民の知的生活への侵害となる」とプログラムに対する懸念を表明している。

この小委員会のドン・エドワード下院議員もこの意見に賛同して、同プログラムが民主主義の根幹を揺るがすとして反感の意を表した。しかし連邦捜査局がこの公聴会によって、同局の収集した情報を協力的に開示するかについては懐疑的だった。エドワードは「連邦捜査局に、私たち議会がこの問題に関心があることを十分に理解させるのに成功することはできなかった」と、公聴会の成果があまりなかったことを告白している。[8]

(7) 捜査局の多少の譲歩と払拭されない図書館の不信

この間、米国図書館協会の代表と連邦捜査局の代表が1988年9月9日に会って、意見の交換をした。この会合には連邦捜査局のジェームズ・ギアや連邦捜査局調査部トーマス・ドゥ・ハドウェイが参加して、捜査官が図書館の倫理規則への認識が足らなかったことを認めた。またアメリカ人の個人のプライバシーを侵害することを禁じた州法について捜査員が認識してない例もあったと

発言するなどした。その上で、ソ連の国家保安委員会の諜報員が図書館員を雇い情報を収集していることを述べ、法律や図書館の倫理規則に触れない状況の下で図書館の協力が必要なことを述べた。[9]

ギアは捜査当局がソ連や東欧などの2万人の留学生に関して関心を持ち、それぞれの国益に照らし合わせて、留学生への注意を払っていると述べた。ギアは図書館覚醒プログラムは1970年代初めから行われており、特にニューヨーク周辺で捜査を行ったと告白した。会合の中で、このプログラムを続けるのかと問われ、ギアは状況の変わらない限り続くとしたが、内部手続きの調整によって、それ以降は必ず捜査の際は、図書館の館長など責任者に初めに連絡すると述べた。[10] この会合はある面、連邦捜査局が図書館への捜査について、図書館側の規則を考慮すると表明したことで、図書館側にも大きな意味があった。

しかし、図書館の連邦捜査局への不信が一掃されたわけではない。国家安全に関しての資料を集めている非利益団体の国家安全保障アーカイブ（National Security Archive）というグループが情報公開法に基づいて、政府に「図書館覚醒プログラム」の下、どのように図書館への捜査を行ったのか情報を求めて訴訟を行った。連邦捜査局との和解の結果、連邦地方裁判所の命令により、1989年5月1日には3,000ページに及ぶ資料を公開することを約束した。

1989年11月に国家安全保障アーカイブが発表したところによると、連邦捜査局は図書館覚醒プログラムに反対した100人ほどの図書館員や図書館関係者の身元チェックを行い、ソ連や東欧に協力的な人々かを判別していたことが判明した。連邦捜査局ニューヨーク支部長から連邦捜査局長官セッションに宛てた1989年2月6日のメモによると、合計266人の人々を捜査局のファイルと照らし合わせ、図書館覚醒プログラムを妨害する敵の諜報員かを判断していたという。この266人のうち100人が、プログラムに公的に反対する図書館員かその関係者だったということである。

このニュースに対して、米国図書館協会の会長パトリシア・バーガーは連邦捜査局を強く批判した。「私たちは連邦政府当局がこのようなことをすることは適切でないと信じますし、また私たちの専門性をこのように誤用されることを遺憾に思います」と発表した。またバーガーは、連邦政府は図書館の役割をま

ったく理解していないと批判した。

　1980年代後半に明らかにされた連邦捜査局の図書館覚醒プログラムは、大きな波紋を図書館に投じた。実際、捜査局は1970年代から、反諜報活動の一環として、図書館に通う東欧やソ連などアメリカの敵国のスパイの活動に注目していたことが公になったからである。ただし、図書館や市民団体から非難が起こるこの時期まで、同プログラムに協力した図書館も多くあったと思われる。実際、1988年1月14日の政府の図書館・情報科学に関する全米委員会と連邦捜査局と会合の際には、ニューヨーク周辺の20の図書館へ捜査協力を求めた際、コロンビア大学以外の図書館からは拒否されなかったと述べられている。

　このことは、図書館員の中にも、憲法に保障された表現の自由・プライバシーの権利と国家の安全保障の重要性に迷った多くの人がいた証拠として挙げられる。しかしもっと考えられることは、哲学的な信条を重視する以上に、個々の図書館員においては法律に対する知識がなく、連邦捜査局の要請に反対する理由を持たなかったり、法的な知識があっても国家権力に反抗することへ対しての恐れもあったりしたのが事実ではないかと思われる。後に図書館覚醒プログラムが一般に知れわたったとき、多くの図書館において表現の自由、知る権利、プライバシーの保護の重要性が再認識され、図書館の対応も変わっていった。

2.「9・11」テロの影響と米国愛国者法

(1) 圧倒的多数の支持で米国愛国者法が通過

　国家の危機に対して、どこまで表現の自由、プライバシーの保護が図書館において守られるかを問い直したのが、2001年の「9・11」のテロの1か月後に制定された米国愛国者法の正当性についてであった。

　2001年9月11日に起こったテロリズムは、アメリカを戦争状態に駆りたてた。世界貿易センターと国防総省へ突撃した飛行機をハイジャックしたテロリストたちは、アメリカ国内に学生ビザで入国した経歴を持つ者も含め、頻繁に公立図書館を使用している者もいた。そしてテロリストの中には、図書館のコ

ンピュータを使って飛行機のチケットを購入したものもいたのである。

　この事実を受けて議会において、連邦捜査局（FBI）に個人の情報を入手することを認めた米国愛国者法（U.S.A. Patriot Act）が同年10月26日に制定された。この愛国者法は、本・書類などあらゆる個人の記録を調べることを政府当局に許したのである。法案はまず下院で357対66の投票で通過し、上院では98対1の大多数で通過した。そして即日に、ジョージ・ブッシュ大統領によって署名され、法制化されたのである。

　この法律によって、テロリズムの容疑者は罪状なしで7日間拘留することができ、状況によって6か月間延長できるとした。また、コンピュータや電話の通話を盗聴する権限や銀行の送金などの記録も調べられる権限を政府当局に与えたのである。さらに、捜査に必要な捜査令状の取得が、それまでに比べ容易になった。政府当局は明確な証拠を裁判所に出さなくとも、テロリストの疑いがある場合、捜査令状や召還状が取りやすくなったのである。

　議会の上院議決では唯一、ウイスコンシン州民主党のラッセル・フェインゴールドが反対票を投じた。フェインゴールドは「これはワシントンで起こる馬鹿げたことの1つです。……彼らは人々を怯えさせたいんだ。……私の同僚は私の方が理にかなっていると思うと言いつつも、とにかく（愛国者法の法案）に賛成しなくてはならないと感じると言っているんです」と、その時の上院議員の様子を述べている。フェインゴールドは、政府が個人の医療や教育の記録を自由に調べる権限を持つことは憲法のプライバシー保護の原理に反するものだとして、この法案に反対したのである。[11]

　この愛国者法は、本とコンピュータを扱う図書館に大きな影響を与える法律であった。同法はさまざまな政府の活動を定めた条項からなる。その中でも同215条は、外国諜報活動偵察法と呼ばれる条項で、政府の諜報活動の権限をこれまで以上に広げるものであった。

　法律が制定されて数か月後に「民主主義とテクノロジーのためのセンター」という民間のグループが、愛国者法によって連邦捜査局が捜査する場合のシナリオを発表した。それによると第1に愛国者法は、司法の十分なチェックがないまま、コンピュータ利用者がどのようなウェッブ・サイトを見たのか、また

Eメールを送ったのかを政府が集める権限を与える。第2にこの法律では司法の命令がなくとも、インターネットのプロバイダー、大学、ネットワーク管理者に対して、コンピュータの使用状況を政府が収集できる権限を認めている。第3に、愛国者法が既存の州や連邦のプライバシーに関する法律の上位に立ち、医療機関、教育機関において関連資料の記録を連邦捜査官（FBI）が強制的に公開させることができる権限を与えている。第4にこの法律はテロリズムに関係なくても、捜査令状の発効があれば、前もって本人に伝えなくても個人宅や会社を連邦捜査局が捜査する権限を認める。当然、捜査対象として図書館もそれに含まれていたのである。[12]

　このシナリオは多少、過敏に反応しすぎている感あるが、図書館そしておそらく連邦捜査員も含め、当時の愛国者法を知る人の印象を伝えるのに十分であった。実際、連邦捜査局がどのように愛国者法を実行したのかは、完全な情報の開示がないため不明である。ただ愛国者法が州の法律の上位に立つという第3のことに関しては、法的には、ほとんどの州の法律でも個人情報の開示には捜査令状を要求していたため、実際には州法と愛国者法が反発するものではなかった。しかし、多くの図書館では個人情報の開示のために、州法に従うだけでも捜査官は捜査令状が必要であることを知らなかったことが誤った印象を与えた可能性はある。

　ただし、愛国者法によって連邦捜査官の法的な手続きが簡単になったとは言える。それまでは裁判所から捜査令状が発効され、捜査の根拠が連邦捜査官に与えられた後、本人に捜査令状の内容を通達し、捜査を行うことができるのが通例であった。それが愛国者法によって、国家捜査令状というのが発効されると、図書館においては事前に連絡しなくても、即座に捜査できるようになったのである。図書館の館長や責任者は捜査を延期することを要請できるが、国家捜査令状が発効されたら、捜査官はいつでも捜査できる権限を与えられたため、実質的に図書館が拒否する時間は与えない内容であったと言うことである。またこの国家捜査令状によって、電話のメッセージやEメールの内容も接取できる権限を捜査官に与えたのである。テロリストの容疑があれば、捜査できるとしたため、実質的に連邦捜査局が疑いを持ったら誰の個人情報も捜査できる

ことになったのが大きな特徴である。

　その上、過去の記録ばかりでなく、現在また未来にわたるテロリストの容疑者の通話記録やＥメールのやり取りを盗聴するため、ハードウェアやソフトウェアに盗聴の装置やソフトをつけることも認めた。ただし盗聴に関しては、愛国者法では裁判所のより厳しい基準の捜査令状を必要としており、進行中の捜査に関わりのあることを政府当局が証明しなくてはならないものであった。またテロリストの容疑者に対しては、電話をしたら内容ではなく電話をかけた電話番号や受信した電話番号、Ｅメールでは送受信したＥメールのアドレス、インターネットでは検索したインターネットのアドレスを記録する権限も政府当局に認めた。

　この盗聴に関しては、以前は連邦盗聴法によって重罪に関わる事件に関してのみに連邦裁判所が認めていたものが、愛国者法では連邦捜査官が盗聴が必要だと決定した際に、内部手続きによって盗聴を行えるようになった。捜査令状は基本的に過去のデータの収集であるが、盗聴は現在また未来においての犯罪の可能性を調べるための方法であり、電話ばかりでなくインターネットも対象となっており、インターネット接続サービス業者に直接、捜査官が指示し盗聴できるようになったのである。したがって、外部にインターネット接続を依頼しているところでは、図書館の関係者が何も知らされなくても盗聴される可能性が出てきたのである。[13]

　また愛国者法では口外禁止命令の規定があり、捜査がなされたことを知った図書館や書店がそのことを捜査対象の本人または他者に知らせることを禁じた。このことは、図書館員の個人のプライバシーを重視する倫理観に大きく背くものであった。なぜなら図書館の利用者の情報を、政府当局といえども本人の許可なしで提供しなくてはならない可能性があり、しかも情報を提供した後も、本人にそのことを知らせてはならないと法規制があったためである。

　これらの愛国者法の条項の内容や手続きからしても、愛国者法は政府に、個人の情報収集において多大な権限を与えたといえる。しかし、ほとんどの図書館員は法律を十分に熟知しないまま、憲法に定められた表現の自由・知る権利・プライバシーの保護と、戦時下に入った時期に制定された愛国者法の実行

の間で、状況に応じての対応を迫られたのである。個人情報を守る一方でいかに政府に協力するのか、図書館は暗中模索しながらの対応であったと言える。この法律の成立の後、米国図書館協会等は、連邦捜査官が個人情報を求めて図書館に訪問した際の対応マニュアルを作るなどして、その準備にあたった。

(2) 表現の自由を制限する雰囲気

　ところで表現の自由が制限されるような雰囲気に陥ったのは図書館だけでなく、アメリカ社会全体でもいえることであった。「9・11」のテロの4か月後の2002年1月4日のワシントン・ポスト紙の社説では、「9・11」のテロリズムの後、テロに少しでも支援するような言葉は自ら慎むような雰囲気になったことを述べている。同社説の中ではコメディアンのビル・マイハーが、すべての悪漢は臆病だと言いつつも、遠くからミサイルを放つ者よりは、自ら飛行機をハイジャックして命を落とす者の方が少しましだと言ったことにより、彼のテレビ・ショーは広告主を失ったり、地方局で打ち切りにされたりしたことが述べられている。またジョージ・ブッシュ大統領の外交政策を非難して首になった新聞記者がいたり、ジョン・アショクロフト司法長官を批判した大学卒業式の記念講演のスピーカーが壇上から下ろされたというようなことがあったとしている。[14]

　社説を書いているマイケル・キンズレー自身も、自分の書く言葉や他の記者の書く言葉に、テロリストに加担するような言葉が内容に入っていないか注意をしていると言う。キンズレーはアメリカは表現の自由がどの国よりも制度的に保護されているが、他の国同様に常軌を逸したものに対しては寛容さを失うとして、「9・11」のテロ以降は、他者に対する寛容さをもっと失っていると述べている。[15]

　「9・11」のテロが発生して、アメリカ社会は間違いなくテロ攻撃の脅威を覚えると同時に、敵への報復に駆り立てられたといえる。この社説では、当時の司法長官のアショクロフトのテロ対策に対して、少しでも反対の意を唱えるような意見を言うことの難しさを述べている。なぜなら政府の捜査に反対を唱え、表現の自由が重要であるとか、プライバシーを制限することはできないと

か、それまで当たり前であったことを述べること自体、テロリストを助けることになるという主張が多くのアメリカ人に出てきたためである。

(3) アメリカの図書館の立場

　米国図書館協会の基本的な立場は、明らかに犯罪が関わっていると証明されない限り、図書館利用者のプライバシーは守るということであった。そのため連邦捜査官でも捜査令状や政府からの召喚状がない限りは、個人の情報は開示しないということを各図書館に薦めた。したがって、米国愛国者法に対しては反対の立場を取ったということである。同協会のウェッブ・サイトでは基本的原則として、「図書館員の職業的倫理とは図書館の利用者についての個人情報は秘密にしておくこと」とあった。[16]

　たとえば、個人情報を守るために必要な手続きとして、次のようなことを挙げている。まず、「不必要な記録を作ることを避ける。図書館の効率的な作業に必要なときのみ、利用者の個人情報を記録する」とあり、次に「図書館の効率的な作業に必要でない記録は保持することを避ける」とあり、その図書館の規則に照らして違法でなければ、個人情報で使わないものは捨てることを薦めている。またタイプされた記録は、処分手続きもきちんと作成して、それに従ってきちんと処分することを述べている。その上で、図書館利用者の情報を政府に代わって収集する義務は図書館員にはないと付け加えている。つまり、わざわざ政府当局に、利用者の個人情報を開示するために協力する必要はないということである。しかし政府の捜査官より、いったん捜査の通知を示されてから情報を処分することは違法であると述べている。[17]

　また、連邦捜査官が図書館に捜査のために訪れたとき、必ず捜査令状を確認することを述べている。その中で、捜査官の身元を確認するために、地元の連邦捜査局か警察に連絡するともある。そして捜査令状がない場合は、図書館員の職業の倫理、憲法修正第1条、州法によって、個人の情報を開示しないことを伝えるとある。この米国図書館協会のマニュアルにも見られるように、アメリカの図書館の立場は、刑事犯罪に関わり、捜査令状がない限りは、たとえ連邦捜査官の要求であろうとも、個人の情報は知らせないという立場を明確にし

ている。[18]

　この米国図書館協会が各図書館に向けて発している情報は、実際、アメリカの多くの図書館では尊重されていると考えられる。特に連邦・地方政府の補助金を受けている公立の図書館に比べて、補助をあまり受けない大学図書館ではそうである。不必要な個人情報は速やかに処分するのが普通の業務として行われている。ただし公立の図書館では、その規則で3年利用者の個人情報を残すなど決めて、ある期間の間、情報を残すところも見られる。

　いずれにせよ愛国者法が成立されてから、特に米国図書館協会や他の図書館のグループは、個人のプライバシーの権利に関して保護する立場を取り、同法には反対し続けてきた。

(4) 図書館で愛国者法はよく知られていたのか？

　イリノイ大学の図書館リサーチ・センターが、愛国者法が成立した後に、イリノイ州の629の公立図書館にアンケート調査を行った結果、2001年11月の時点で、愛国者法について聞いたことがあったり、知っていたと答えた回答者は42％に過ぎなかった。そしてわずか27％の回答者しか、捜査令状がなければ政府当局が図書館利用者の記録を調べられないことを知らなかった。つまり2001年に愛国者法が施行した直後は、6割の図書館は、愛国者法のことも知らなかったし、7割強の図書館は捜査令状の必要性も知らなかったのである。この時点ではまだ、図書館員に対する館内での教育がなされていなかったと言える。[19]

　約2年後の2003年9月に、同センターがイリノイ州の531の公立図書館と148の大学図書館に、各図書館が愛国者法にどのように対応しているかを調査するために、インターネット上のアンケートを行った。そして467の公立図書館（87.6％）、120の大学図書館（81.1％）から回答を得た結果、図書館のスタッフに愛国者法について何らかの教育をした図書館は公立図書館では47.4％で、大学図書館では3分の1であった。

　したがって2003年頃には、図書館員の間では愛国者法の存在は大分知られるようになり、愛国者法の内容について半分の公立図書館、3分の1の大学図書館で愛国者法についての教育を行っていたのである。

一方でイリノイ州の図書館に関する法律では、他州の法律同様に図書館の登録や貸し出し記録は秘密にしておく必要があり、その情報を公表したり、他者に知らせる際には裁判所の命令状が必要とされている。84.3％の公立図書館、69.2％の大学図書館でそのことについて知らせていた。ただし、政府当局からの捜査令状や召喚状の取り扱いについて、図書館の成文の規則があるかについては、29.3％の公立図書館、16.0％の大学図書館においてあると答えたのみであった。[20]

　つまり2003年くらいになると、一般の図書館員は、大分、愛国者法の存在については知るようになってきたものの、愛国者法の下に捜査を受けたときのマニュアルなどはあまりなかったといえるし、その内容について教育したところも少なかった。しかし州法については知っており、個人情報に対する捜査に捜査令状や召喚状が必要だということは、一般に図書館員は知るようになってきたということである。

　そこで起こったことは、一般に図書館員は個人の情報の保護については守秘義務があることを認識していたが、テロ活動に関連して連邦捜査局が実際、捜査に来ることは想定していなかったのが事実に近いと思われる。しかし、プライバシーの権利を守ることは一般的に認識していたため、図書館内の規則によって不必要な個人情報は消去していくなど、個々の図書館で対応していったのである。

　ところで同センターによると、政府当局に2001年9月11日以来、何らかの情報提供を求められたかという質問に対して、587の図書館のうち、27の公立図書館と6の大学図書館が求められたと返答してきている。しかしこの質問自体が、愛国者法に触れるのではないかとコメントしてきた図書館員がいたりした。また実際、12の公立図書館と2つの大学図書館が愛国者法に触れると考えるため返答できないと回答してきたそうだ。[21]

(5) 政府当局は本当に図書館を訪ねたのか？
　先のイリノイ州での調査では、連邦捜査局員が図書館に訪れて捜査の協力を求めた例があることが示していた。アメリカ全体でも、政府当局が公立図書館や大学図書館を訪れ、2001年の「9・11」のテロ以降、捜査のために個人情報

の公開を求めたという例は、これまで報告されてきた。正確な数はまだわかっていないものの、いくつかの調査で発表されたものがある。

　2005年6月、シカゴにおいて米国図書館協会の会議が行われた。その中のセッションには、愛国者法に関しての内容のものがいくつかあった。情報テクノロジー政策オフィスの報告では、愛国者法によって連邦もしくは州政府から、実際、どの程度、全米の図書館が個人の情報を求められたかという調査報告がなされた。[22]

　その調査報告の内容によると、1,536の公立図書館、4,008の大学図書館に連絡がなされ、そのうちそれぞれ23％にあたる63の公立図書館、33％にあたる840の大学図書館が回答に応じたという。また、それとは別に400人の図書館員にインタビューの申し込みがなされ、25％がそれに応じた。その結果によると、2001年10月から現在まで、少なくとも137の図書館に連邦もしくは州・地方政府から、正式な個人情報の公開が求められたということがわかった。

　公立の図書館へは63件のケースで図書館に個人情報の開示を求められたが、16件は連邦政府から連絡があり、47件のケースは州またはその他の地方政府から連絡を受けたという。大学図書館においては33件は連邦政府から個人の情報の開示を求められ、41件は州もしくはその他の地方政府から情報の開示を求められたと報告された。

　また38％の公立図書館、54％の大学図書館において、連邦・州・その他の地方政府から個人の情報開示を求められた際、それに対応できるように図書館員に訓練をしていることがわかった。また63.8％の公立図書館、47.9％の大学図書館で、政府から個人情報の開示を求められたときに対応するためのマニュアルを持っていることが報告された。これらの数字は先に挙げた2003年のイリノイ州の調査よりはわずかに多い数字である。つまり2005年には、大分、愛国者法について、多くの図書館で内容の教育や捜査官への対応の仕方をマニュアル等で訓練してきたと言える。[23]

　この報告ではほとんどのアメリカの大学図書館では、連邦・州・その他の地方政府に個人情報を自ら進んで開示することはなかったと発表された。しかし同時に、社会の影響、愛国者法への無認識、図書館長の方針などから、政府か

らの個人情報の開示要求を受けた場合、捜査令状を提示されなくとも、自ら協力した図書館がいくつかあったことも報告した。

(6) 政府と議会の見解

「9・11」のテロ以降、テロに携わった外国人がアメリカの学校に在籍していたこともあり、留学生に対してのビザ等の発給が厳しくなるなどした。2001年のテロ直後には、3人の実行犯がフロリダ州のデルレイ・ビーチ公立図書館を訪れて、インターネットを使っていたことが発表された。[24] 2005年4月28日の下院司法委員会で首都ワシントンの連邦検事ケネス・ワインステインが、テロに関わった3人の犯人がニュージャジー州の州立大学のコンピュータから、9月11日の航空チケットを購入したことを述べ、愛国者法による図書館からの個人情報収集の正当性を述べた。[25]

いずれにせよ、公立図書館や大学図書館のコンピュータがテロに使われた事実があり、愛国者法は議会では2001年10月に圧倒的な支持を得て成立した。しかし愛国者法は、2005年12月31日をもって効力の期限が切れることになっていた。そこでブッシュ政権や司法省は、2005年いっぱいで効力が切れる同法の延長を、事あるごとに求めたのである。

しかし、同法が制定され1、2年経ってくると、政府当局が過剰に一般市民の権利も侵すことがないか市民団体や図書館関係者が疑問を呈し始めたのである。特に憲法修正第1条で保障されている表現の自由や知る権利の保護を求め図書館、書店、ジャーナリスト、コンピュータ関係の人々が愛国者法の撤廃を求めて声を上げてきた。

2003年には、愛国者法がどのように施行されているのかが、司法省の業務を監視する下院司法委員会で注目され始めた。同委員会は司法省に、政府当局が図書館、書店をどの程度、訪ねたのかなど50項目にわたる質問をした。しかし、司法省は機密資料であるので質問には時期を見て適切な方法で答えるとして、直接返答することを拒否した。そこで同委員会の委員長ジェームズ・センセンブレナー下院議員は、司法長官のジョン・アショクロフトを司法委員会の公聴会に召喚することを示唆した。

このことは連邦政府内においても、立法・行政ともに共和党で占められているとはいえ議会とホワイト・ハウスが一枚岩ではないことを示していたともいえる。ただし、諜報活動に関係することだけに、ホワイト・ハウスとしても、機密情報について公開する姿勢は容易には示さなかった。

しかし、議会の強い働きかけが功を奏し、2003年5月20日に司法省は、愛国法がどのように施行されているかを発表した。それによると、約50の図書館がこの愛国者法の下に捜査を受けたという。ただ図書館員はこの数字は、あまりに少なすぎるとして疑問を投げかけた。2003年のイリノイ大学の図書館リサーチセンターの調査では545の図書館が政府当局から捜査の協力が求められたとあったし、少なくともその3分の1は連邦捜査局からの捜査依頼であったためである。[26] また先に挙げたように、2005年に米国図書館協会で発表された調査では、少なくとも137の図書館が、2005年までに政府当局から捜査を受けているとしているためであった。

3. 愛国者法への反対と抗議

(1) 図書館の合法的反抗

2002年には、米国自由人権協会が情報公開法に基づいて、14に分類して、政府が図書館、書店等からどの程度個人情報を得たのか、司法省に情報の提供を要求した。これには市民団体の電子プライバシー情報センターなども加わり、愛国者法によって憲法修正第1条に守られた権利が侵されていないかについて、資料提供の開示を求めたのである。[27]

また、愛国者法の内容が深く浸透し始めるにつれ、個々の図書館において愛国者法に対する対応が見られ始めた。2003年ぐらいになると全米の図書館において、図書館の利用者にも愛国者法についての情報を知らせるようになった。カリフォルニア州のサンタ・クルズ公立図書館においては、2003年3月に図書館委員会の投票決議によって、利用者にお知らせを掲載することにした。管轄下の10の図書館において、コンピュータの画面に貸し出し記録が連邦捜査局に

よって調べられる可能性があると示した旨の但し書きを掲載することを決めたのである。また同日の決議では、州の議会に図書館ならびに書店が愛国者法の対象外になることを立法化するように議会に求めることを決議した。サンタ・クルズ図書館郡は、政府当局からの捜査協力を求められたことはないとしているが、愛国者法に対しては反対の立場を表明した。[28]

さらにその後、サンタ・クルズ図書館郡管轄の各図書館では1週間に1度、コンピュータの利用記録を廃棄していたのを、毎日、廃棄することを決定した。つまり、コンピュータ利用者の不必要な記録は、一切残さない方針にしたのである。同図書館委員長のアン・ターナーは「政府は私たちが持っていない情報について召喚することはできません」と語っている。愛国者法では、実際、裁判所が捜査令状や召喚状を出して図書館に協力を求めた後に、図書館が資料を廃棄することは禁じていたが、捜査令状や召喚状が出ていなければ、どのように廃棄しても問題はなかった。

また愛国者法の口外禁止令によって、政府当局から図書館に利用者の情報提供を求められたかを、図書館員が公言することは禁じられていた。これに対しターナーは、政府当局から情報提供を「求められなかったら、連邦捜査局からの捜査はなかった」と毎月の定例会で報告すると述べ、「私がこのことについて何も言わない月があったら、（政府から情報提供を求められたことが）わかるでしょう」と合法的に、政府の捜査の有無を知らせることを約束した。[29]

サンタ・クルズ公立図書館と同様の方針を取る図書館も現れた。イリノイ州スコキエ公立図書館は「連邦政府の役人はあなたの図書館の資料の利用状況を、あなたに知らせることなく図書館に要求する可能性があります」と張り紙をするなどした。ヴァーモント州キリングトン市のシャーバーン記念図書館でも、「大変申し訳ございません。国家安全に関連し、あたたのインターネットのアクセス状況、パスワード、Eメールの中身が連邦政府当局から監視されているとしても、私どもはお知らせすることはできません。どうか適切に行動なさってください」と張り紙をした。[30]

セントルイス公立図書館を管理する公立図書館委員会では、捜査令状がなければ、図書館利用者のコンピュータ使用記録を連邦捜査官に渡さないように管

轄下の図書館の規則を変えるなどした。これは実際に、管轄下の図書館に捜査令状なしで連邦捜査官が来て、その図書館長が協力したことを受けて規則を明確にしたものだった。

　2002年12月に同図書館で中東系の疑わしい利用者がコンピュータを使っていると一般利用者からの報告を受けて、翌年の1月に連邦捜査官が同図書館に裁判所の召喚状、捜査令状を持たず訪れ、コンピュータの使用記録を持って帰った。この記録には免許書などの証明書で確認された名前とコンピュータの使用日時が記されていた。現場の図書館長は、捜査令状を持たない捜査当局に利用者本人への許可なく個人情報を提出した。後にこの図書館長は、公立図書館の使用記録に残された名前や他の情報は公共の物だと述べ、連邦捜査官には裁判所の捜査令状や召喚状なくして記録を渡すことができると述べた。地元紙のセントルイス・ポスト紙がこのことを報道し、この図書館のあり方を非難した。そのことを受けて同図書館を管轄するセントルイス公立図書館委員会が2003年2月に、コンピュータの使用記録は公共の物ではなく個人の情報であるとして、連邦捜査官には裁判所の捜査令状なくしては渡さないと規則を変更したのである。[31]

　ところで、図書館ばかりでなく市民団体も愛国者法への反対行動などを起こすのが見られた。2003年3月15日にはコロラド州ロングモント市では「正義と民主主義のためのロングモント市民」というグループが、ロングモント公立図書館に60人ほど集まり、愛国者法に抗議する活動を行った。同グループは反政府的な本のリストを用意して、参加者が借りては返却するという行動をした。たとえば『華氏911』という映画を製作したことで有名になった、反ブッシュ政権を唱えるマイケル・ムーアの本や核原子炉、連邦捜査局のスパイ防止活動の本などを1人が借りては、返却し、他の参加者が借りては返却するということを行った。これは連邦捜査局が、個人の貸し出しの情報を収集することに反対しての行動だった。この集会の主催者であるデイビッド・リックは「あなたが何を買ったのか読んだのかだけで、政府があなたについて誤った印象を持つことをこの活動は教えてくれるでしょう」と、政府が個人情報を得ようとすることの無意味さを語った。同図書館はこの市民グループの抗議活動に対して中立的な立場に立ち、グループを支援するのでなければ、反対することもなかった。[32]

また愛国者法はリベラルな人々ばかりでなく、保守のグループからも反対されたのである。2003年の4月に行われた米国自由人権協会のワシントンでのフォーラムには保守派も加わり、愛国者法を非難するのが見られた。これには「税改革のためのアメリカ市民」という団体のグローバー・ノークイスト、米国保守連合のデイビッド・キーン、元共和党下院議員のボブ・バーなども加わって、司法省に個人情報を秘密に収集する権限を与えることに反対したのである。保守の中でも個人の権利に対して政府が干渉しないことを望む人々は、愛国者法で政府当局が個人情報を捜査することを嫌ったのである。また全米ライフル協会なども、政府当局が銃ショップにおいて、顧客の情報を愛国者法によって本人の知らない間に入手することができることに反対するなど見られた。これは政治信条を超えて、愛国者法に対する反対の機運が出てきたことを示した。

(2) 共和党からも反対者

　連邦議会においても愛国者法に対して修正を求める声が出始めた。2003年3月6日には、ヴァーモント州無所属の下院議員バーニー・サンダースが愛国者法のいくつかの条項から図書館や書店が対象外となるように修正を求めた、読書自由保護法（The Freedom to Read Protection Act）という法案を提出した。これには米国図書館協会、ニュー・イングランド書籍協会、表現の自由のための米国書籍協会などの支援が集まった。愛国者法以前では、犯罪に直接つながる原因に関してのみ政府当局の捜査令状を要求できたのが、愛国者法では関連があると見なされただけで捜査令状が要求できるのが異なっていた。[33]

　サンダースは7月に、予算編成案に愛国者法修正条項を入れようとしたが、それは成功しなかった。しかしサンダースの法案には、9月ぐらいには賛同する議員も増え始め、共和党議員9人も含め、129人の下院議員が法案の共同提出者として名を連ねた。米国図書館協会の会議においてサンダースは、「私の見方では、（愛国者法の）広い法の規定は連邦捜査官に実質的にどのような捜査も許してしまう」と愛国者法を批判した。

　サンダースは60年代の公民権運動からの活動家で、連邦捜査局の捜査には注目していた1人である。「連邦捜査局は権力を乱用してきた歴史があります。公

民権運動の組織、ベトナム戦争反対者、そして他の人々も含め監視したり、記録を保持したり、こっそりと侵入したり」してきたと連邦捜査局の権力の増大を警戒してきたと述べるなどした。無所属で社会主義者と見なされているサンダースは、アメリカの政治の中では主流派とは見なされていないものの、逆にこの愛国者法に対しては自分の主張を公言して憚らなかった1人と言える。[34]

サンダースの法案に賛成した共和党下院議員のC.L.バッチ・アッターは、図書館で爆弾の本を借りた利用者が「テロリストがどう爆弾を作っているのかについて書きたいのに、そのことによってテロリストだと考えられることなどあってはならない」と愛国者法の適用が誤った判断を促すことを指摘した。[35]

また上院では8月の議会の休会を前に、アラスカ州の共和党議員リサ・マコフスキーとオレゴン州の民主党議員のロン・ワイデンが愛国者法の修正を求めた法案を提出した。この法案は、連邦捜査局の権限を愛国者法以前のレベルに戻す内容であった。また、図書館が単なる捜査のための情報提供者として扱われないように、捜査令状の取得が愛国者法よりは難しい基準にした。

このほか、上院では愛国者法に唯一反対したウイスコンシン州のラッセル・フェインゴールドが、「図書館・書店・個人記録とプライバシーを保護する法」という法案を提出した。この法案も愛国者法以前の規制レベルに戻すことを意図した内容であった。つまり、連邦捜査局はテロリストやスパイの容疑者に関連ある情報にのみアクセスできるが、テロリストに関連のない人に関する情報を得ることはできないと明記することであった。フェインゴールドの法案では、連邦捜査官が図書館等を捜査する際、インターネットの使用状況がいかにテロリストやスパイの容疑者と関連あるかを示さなくてはならないと、捜査令状取得の基準を厳しくした。[36]

また、2003年には上院共和党議員のラリー・クレイグと民主党のリチャード・ダービンが連名で、安全と自由の保証法（Security and Freedom Ensured Act - SAFE）という愛国者法の連邦政府の権限を削減する法案を提出した。外国のスパイであるとか、権力と結びついていると信じられる確かな証拠を与える詳細な事実を示さなければ、連邦政府は図書館、書店の記録を調べることはできないとした内容であった。これは連邦捜査官がスパイの容疑をかけても、それを

証明できる確かな証拠がなくても捜査令状を要請できたことに修正を加えることであった。またこの社会の動きに呼応して、米国自由人権協会やカリフォルニア図書館協会は、1月21日に12の新聞に愛国者法改革の支援広告を載せるなどして、この法案を全面的に支援した。

　その一方で司法長官のアショクロフトは、上院司法委員会のオリン・ハッチ委員長に、これらの修正法案が通過すればテロリストに対するアメリカの防衛力は一方的に弱まるし、大統領も署名を拒否するという内容の手紙を送るなどして、反対の姿勢を全面的に表明した。

(3) 地方議会での愛国者法への対応

　2003年ごろになると州議会でも愛国者法へ反対する決議をするところも見られるようになってきた。アラスカ、ハワイ、ヴァーモントの各州などである。オレゴン州でも州上院が23対2の投票で反愛国者法の決議案を通過させた。同州の保守である州上院議員ゲリー・ジョージは「すべての党派の上院議員がオレゴン市民とともに憲法と権利の章典を守るために決議し、我々の重要な自由を危険にさらす愛国者法を連邦政府が破棄することを要求したのである」と述べるなどした。

　州議会ばかりでなく、全米で市や郡の地方自治体でも愛国者法を修正しようとする決議や非難する決議などあった。たとえば、2004年3月15日にはメイン州ポートランド市が、愛国者法は移民の自由を侵害しているとして連邦議会に修正を求める決議をした。同市の議会では6対3の投票によって、市民の自由、平和、安全を保護することを決議し、捜査であっても人種、宗教、信条などのより分けをしないことを求めた。ポートランド市の市長ナザン・スミスは「市民の権利に即した基本原理の宣言である」とこの決議に賛成した。この決議では、明らかに「刑事犯罪である活動という合理的な疑問」の下での捜査でなければ、市の警察、図書館を含めた公務員が個人の情報を収集、捜査、共有することはできないような制限を設けたのである。(37)

　このような動きは全米各地で起こった。メイン州などにおいても2004年の6月までにマウント・バーノン、ウォーターヴィル、ポートランド、バンゴーの

各市で、愛国者法に反対する決議などが行われた。またメイン州議会でも同月に、愛国者法を修正するように求める決議案が州の下院議会で通過するなど見られた。カリフォルニア州でもサンタ・クルズ市やパサデナ市で反愛国者法の決議がなされた。ところでサンタ・クルズ市はブッシュ大統領のイラク戦争における行動に対して連邦議会で弾劾するように、全米で一番最初に求めた地方自治体政府でもあった。カナダ国境に近いワシントン州トナスケット市では1,000人の住民が憲法で保障された権利の保護と愛国者法に対する反対決議を行った。また同様の決議がニュージャジー州のパーターソン市で宣言されるなどした。(38)

　カリフォルニア州のアーカタ市では、2003年4月に愛国者法や他の連邦政府の法律によって州や連邦政府の当局から協力を求められても、理に適っていない個人の財産の没収や捜査に市当局が協力してはならないという内容の市の条例を制定した。もし市の公立図書館員が自主的に愛国者法に則して住民の個人情報を捜査当局に提供する場合、それを事前に市議会に報告しなければ違法とする市の条例を制定したのである。

　これらの市民レベルの動きはもともと少人数の人々の間から起こることが多かった。メイン州バンゴー市の例では、「大バンゴー地域・権利の章典擁護委員会」という住民グループが、愛国者法は基本的人権を侵害すると考え、運動を始めたのである。月に2回、約20人の人々が会合を開いて、運動を広げていった。このメンバーの1人ジェラルド・オルソンは「市議会や市の選挙で選ばれた役人はいつも『我々と関係のない連邦政府のこと』と言っている」と、市の議員や役人は愛国者法に関心を持たず行動しないことを指摘し、自らの行動で運動を起こしていった。1950年代の子供のころに、上院議員ジョゼフ・マッカシーの赤狩りのラジオ放送を聞いた経験が運動の原因となっている、と60歳代の元教師オルソンは述べる。自己の政治キャリアを延ばすためにマッカシーは多くの人々に共産主義者のレッテルを貼り、社会・政治から排除していった。その歴史から、人間がイデオロギーより重要だと学んだとオルソンは語り、「彼ら（連邦政府の役人）は（人々を）詮索する前に、明らかな原因となる証拠を持たなければならない」と述べ、不合理な逮捕や押収を禁じた憲法修正第4条

が無意味になると、愛国者法を批判したのである。[39]

　またメイン州のベルファースト市においては、「ベルファースト地域ミッドコースト権利の章典擁護委員会」という市民グループが、愛国者法に対して反対の運動を起こした。彼らは連邦上院議員に直接働きかけ、愛国者法の修正を求めるなどした。そのグループの1人ジェーン・サンフォードは、連邦政府議員に法案修正を促すのは地域の努力が鍵だと訴えた。「私たちは声を上げていかなくてはなりません。…私たちは（愛国者法を）喜んでいないことを上院議院や下院議員に知らせなくてはならないのです」とサンフォードは主張した。また彼女は「あなたが間違っているかどうかを、誰が決められるのですか」と政府が愛国者法によって個人の情報を得て、善悪を判断するのは誤りだと述べている。[40]

　これら地域の運動に参加する人々に見られるのは、憲法で保障された権利は連邦政府によって侵害されてはならないという意識である。また個人のプライバシーや思想の自由に関して、連邦政府が政策を決定することを嫌う傾向があったということである。実際、各地で市民グループの政治運動が行われ、2004年3月の時点で260の地方自治体で愛国者法への反対決議がなされた。その意味で図書館のみならず地方政治でも、愛国者法は強く反対を受けたということになる。

(4) 愛国者法への非難に対する連邦政府の動き
　2003年9月15日の全国レストラン協会のスピーチで、愛国者法に反対する全国の図書館の動きに対して司法長官のジョン・アショクロフトは、米国図書館協会の人々を「根拠を持たないヒステリックな人々」と呼び、それをリードしている米国図書館協会の反対運動を批判した。またアショクロフトは愛国者法の反対者、つまり図書館員は、連邦捜査局が図書館の利用者全員を監視していると人々に信じこませようとしていると攻撃した。そして、司法省は「人々の読書の傾向性に興味など持っていない」とアショクロフトは述べたのである。

　アショクロフトの「根拠を持たないヒステリックな人々」という言葉に対し、その2日後の9月17日には当時の米国図書館会長カーラ・ハイデンが「司法長官が、憲法を守ろうとする人々を公的な場で侮蔑したことを深く憂慮します。

否、強く呼びかけたいことは…全国の図書館員そしてアメリカ市民は、合衆国愛国者法によって認められた強い権限を持つ（政府当局が）図書館にどれくらい捜査に入ったのかの情報を公開し、憂慮を和らげることなくして、単にアショクロフトを信用しろと言うのでしょうか」とアショクロフトに強く反発するコメントを発表した。(41)

　それに対し司法省の報道官マーク・コラーロは、アショクロフトの言葉の真意は図書館員への攻撃ではなく、米国自由人権協会や一部の政治家が図書館員を煽動し、政府を疑うように仕向けたことに対して述べたのだと、非難の矛先を変えようとしたのである。(42)

　しかし、図書館や他の市民団体の司法省に対する抗議が止むことはなかった。結局、9月18日にアショクロフトはハイデンに電話で、司法省は年に2回、議会に愛国者法によって与えられた権限が図書館などに対してどう使われたかを報告すると約束したのである。(43)

　しかし、アショクロフトの言葉だけですべての人が納得したわけではなかった。むしろ地方の図書館では至るところで、アショクロフトの発言に対する抗議集会が開かれた。ネバダ州の図書館は、議会に愛国者法の不平等な執行を破棄するように求めたり、民主党支持、共和党支持の党派主義を超えて図書館員、人権団体、一般市民が連邦裁判所に抗議デモを行ったりしたのである。メイン州では同州の自由人権協会主催の会合やパネル・ディスカッションにメイン州公立図書館協会員が参加して、反愛国者法について意識を高めた。このような動きがアラスカ州、モンタナ州などでも起こった。(44)

　2003年12月15日には、連邦政府の大量破壊兵器に関して、テロリズムの国内の政策を評価する諮問委員会の発表があった。元ヴァーモント州知事のジェームズ・ギルモアが委員長を務めたことから「ギルモア委員会」と呼ばれたこの委員会の報告では、2001年のテロ以降も国内のテロ防止政策の施行が十分になされていないことが述べられていた。

　しかし同報告では、「『9・11』後の世界における市民の自由」という章において、愛国者法の215条が図書館、書店、学校、インターネット・サービス会社などから記録を接取するという必要以上の権限を政府当局に与えていると批

判した。実行可能な推薦事項として、修正第1条に直接抵触するような情報収集の方法を避け、捜査基準を厳しくすることで、215条のめざす目的、つまり潜在的なテロリストの個人情報の取得は達せられるとして、愛国者法の修正も示唆した。

また同報告では「9・11」のテロリストが図書館のコンピュータを使用した事実から、テロとの関連がかなりの確率で信じられるような場合は、インターネットの使用記録を政府当局が調べる権限を持つものの、それ以外では図書館で貸し出された本などの情報を取得するためには厳しい基準が必要であるとした。[45]

この間、ブッシュ大統領は常に愛国者法の重要性を訴えて続けてきた。毎年の一般教書でも、2005年に効力が切れる愛国者法の延長を議会に求めてきた。ブッシュ政権はアショクロフトの意見にも見られるように、愛国者法の破棄は国家安全のためにはマイナス要因となると表明した。

そのような中、翌2004年4月になると「9・11」のテロが起こった背景や政府の対応が正しかったのかを検証する独立委員会、通称「9・11」調査委員会において、連邦捜査局や中央情報局のテロ防止対策が完全なものではなかったことが明らかになってきた。その報告を受けて、「愛国者法の破棄はテロリストとの戦争において、政府当局者や連邦情報員から必要な手段を奪うものであり、絶え間なく起こる脅威に対してわざと目をつぶってしまうこと」だとして、ブッシュ大統領は延長の必要性を訴えた。またブッシュ大統領は、「大事な要素は愛国者法が来年には効力が切れてしまう事実である。……ワシントンの政治家の中には、まるでアメリカへの脅威もその時になくなるかのように振る舞う者がいる」として、アメリカのへの脅威はなくなっていないことを強調して、愛国者法の延長を求めたのである。[46]

しかし、「9・11」のテロが起こって数年経ち、愛国者法に対して連邦議員の中でも保守・リベラルを問わず疑問視する人も増えてきた。たとえば、共和党の上院議員のアーレン・スペクターは「私は愛国者法には賛成です。…しかし図書館の記録へのアクセスは是正していくべきでしょう」と述べるなど、共和党内からも愛国者法への疑問を投げかける発言が見られるようになった。また元下院議員で「チェック・アンド・バランスを回復する愛国者たち」という保

守のタカ派のグループを主宰するボブ・バーは、愛国者法はテロ防止のために必要としながらも「(政府の)ある権限はちょっと行き過ぎている」と述べた。たとえば215条により、銃の売買の記録も本人に知らされず政府当局が取得できることなどに反対したのである。

(5) 愛国者法の延長

　地方政治レベルでは愛国者法を批判する決議等はいたるところで行われていたものの、連邦政府のレベルで愛国者法を廃止するという動きは、ほとんどなかったと言ってよい。2005年になると愛国者法の反対の声は高まったが、政府は強く同法の延長を望み、その必要性を訴えた。2004年に大統領に再選されたブッシュは、辞任したアショクロフトの後任にアルベルト・ゴンザレスを司法長官に使命し、議会でも任命した。ゴンザレスと連邦捜査局長官ロバート・ミューラーは2005年4月5日の上院司法委員会の公聴会において愛国者法の延長がテロリストの捜査に必要なことを強調し、ブッシュに呼吸に合わせた。

　公聴会の中でゴンザレスは「この法律はテロに対する戦争を政府が遂行していく上で根幹となるものであった」として2001年以降、愛国者法の反テロリスト対策においての役割が大きかったことを述べ、「アルカイダや他のテロリストたちは現在においてもアメリカの人々に脅威をもたらしており、この戦いにおけるもっとも効果的な手段を捨てるときではない」として、愛国者法の延長を求めた。しかもゴンザレスやミューラーは、ほとんどの条項について、単に延長するのではではなく恒久的な条項にすることを議会に求めた。ただゴンザレスは、愛国者法が個人情報を図書館などから秘密裏に接取することを認めた条項に関しては修正を認めることも示唆した。[47]

　この4月5日の公聴会では上院議員のラリー・クレイグとリチャード・ダービンが、愛国者法の再修正法案である安全と自由を強化する法（Security and Freedom Enhancement Act）の内容を説明した。この法案は、米国自由人権団体と米国保守連合という、リベラルと保守の市民グループから支持を得たものであった。

　ところでこの公聴会では、ゴンザレスは愛国者法によって「9・11」のテロより政府当局が49回にわたり盗聴し、裁判所の捜査令状の下に155回捜査をし

たことを発表した。また運転免許証、クレジット・カード、インターネットの検索、ホテルの滞在、アパートの賃貸の記録など35件にわたる情報を得たと述べた。しかし興味深いことに、医療、銃、書店、図書館などの記録を接取するためにこの条項は使われてはいないと述べた。ゴンザレスは「司法省はアメリカ人の図書館や医療における記録を探し回ることに関心は持っていない。……しかしながら、我々はテロリストを逮捕するのに役立つような記録には関心を持っているのです」と述べて、図書館の記録は同法の下では取得してないことを強調したのである。[48]

　もちろん先にも述べたように、ゴンザレスが愛国者法の215条の下に図書館を捜査してないと言っても、政府当局が図書館で捜査しなかったことではない。他の案件等でも図書館で捜査はされたと考えられるためである。ただ愛国者法が使われなかったということは、アショクロフトの意見と矛盾していたことも事実である。前司法長官のアショクロフトは、愛国者法の権限でニューヨーク市立図書館でテロリストの容疑者のインターネット使用状況について情報を得たと2005年1月の『ニューズウィーク』で述べているためである。連邦捜査局長官のミューラーも「テロリズムの捜査を行ったときに数回、図書館の記録を取得した」と発言している。[49]

　2005年5月2日には、ゴンザレスの要請によって当時の米国図書館協会の会長キャロル・ブレイ・カシアノが会見し、215条についての話し合いが行われた。その際、カシアノは図書館の関心は犯罪やテロを捜査する政府当局の権限をなくさせるのではなく、個人の読書の傾向性などを政府が監視することがないようにすることに関心があると述べるなどした。いずれにせよゴンザレスは、多少の修正はあっても愛国者法を延長もしくは恒久化するために図書館の協力を得たいという姿勢を示した。

　このような中、2005年の6月15日には下院で238対187の投票決議で、ヴァーモント州のバーニー・サンダースの修正案が通過した。これは、司法省が愛国者法215条の下で図書館や書店の記録を捜査するための予算が割り当てられるのを禁止するものであった。これによって図書館や書店への捜査は難しいものになる可能性が出てきたのである。

(6) ロンドンの「7・7」のテロ事件後

　2005年7月7日に起こった、ロンドンでの地下鉄とバスでの同時多発テロ事件は、50人以上の死者、700人以上の負傷者を出す大惨事になった。この事件は、アメリカの愛国者法の期限延長を訴えるブッシュ政権を勢いづかせた。

　ブッシュ大統領や共和党保守派はこのロンドンでのテロ事件を挙げ、愛国者法がアメリカでのテロ防止に絶対必要であることを再度強調した。ブッシュ大統領は「鮮明な記憶」だとロンドンのテロが「9・11」のテロの記憶を呼び起こしたことを強調し、「私の議会への伝言は明らかだ。我々の防御を緩やかにするときではないし、よき法律を失効させるときではない」と、議会へ愛国者法の再承認を求めた。また愛国者法が「アメリカ人の自由を制限したことはないし、逆にアメリカ人の自由を守るのに役立ってきた。……愛国者法は期限が失効するが、テロリストの脅威に期限がくることはない」と、対テロ対策における愛国者法の重要性を強調した。[50]

　また共和党の有力議員の中からも、愛国者法の再承認と恒久化を求める声が表明された。議事運営委員会の委員長である共和党のデイビッド・ドレイアーは愛国者法を保持することは「テロリズムに対する世界的な戦争に勝利するという我々の切なる願いを実現するために必須である」と述べるなどした。司法委員会の委員長である共和党のジェームズ・センセンブレナーはロンドンのテロについて触れ、愛国者法を保つことは「アメリカの地で再び攻撃を避けるのに助け」となると述べるなどした。

　このほかにも多数派院内総務のトム・ディレイは「我々はこの危険な世界にある直面した脅威を決して忘れることはできないし、実際、（ロンドンのテロの）ニュースはそれを思い出させた。この（下院での決議の）投票において、両党の議員全員が、アメリカの人々にいかに真剣に我々がテロリズムの脅威と立ち向かっているのか、またそれと戦おうとしているのかを示す機会である」と愛国者法の継続と恒久化を求めて、議員を鼓舞するコメントを発表した。[51]

　反対に愛国者法の修正案の内容に反対する民主党のジム・マクガバンは「人々は図書館で何を借りたのかについて、いちいち心配しなくてはならない状況に関心を持っています。……このようなことはこの国のあるべき姿ではありません」

と反対の意見を述べている。しかし、連邦議会では個人の権利が政府当局によって侵害されるのではないかという懸念の声よりも、愛国者法の適用によってテロの再発の防止に努めるのが先決であるという声の方が、この時期、勢いを得たのは確かである。[52]

　7月21日には下院で、最終の修正法案の決議がなされたが、予算割り当ての決議では取り上げられたサンダース下院議員の愛国者法の制限は、最終修正案として議事運営委員会では取り上げられなかった。最終的には257対171の投票決議において、愛国者法の16項目の法律条項のうち14条項が期限なしの恒久的な法律として通過し、2つの条項は10年の期限が設けられた。10年の期限が設けられた条項は、図書館や書店の記録を政府当局が捜査する権威を認めた条項と盗聴に関する条項であった。43人の民主党議員が賛成に回ったこの法案は、司法委員会の委員長センセンブレナーの出した法案であった。6月に予算割り当ての際に通過したサンダースの法案に比べると、政府当局の権威を再び強化する内容に戻ったものであった。[53]

　しかしそれでも、2001年10月に通過した現行の愛国者法よりは、個人の情報を保護するいくつかの制約を政府当局に課する内容であった。たとえば図書館に関することでは、図書館への捜査に関しては、連邦捜査局の長官が捜査の必要性を直接承認しなくてはならないようにして、地方や下位の捜査官の権限を制限した。また裁判所が発効する捜査令状の使用に関しての規制を厳しくするなどした。[54]

　下院で法案が通過した同日には、上院の司法委員会においても愛国者法の再承認についての法案が論じられた。この法案は同委員会の委員長であり共和党議員のアーレン・スペクターと民主党のダイアン・フェインスタインの連名の提案であった。この案は下院で10年の期限のついた条項を4年の期限とし、図書館や書店の記録を捜査するのに下院案より厳しい条件をつけたものであった。また、司法省は捜査の内容を議会に報告する回数を増やすなど、連邦議会が行政を監視する権限を強める内容であった。この間、諜報特別委員会の共和党議員パット・ロバートが裁判所の捜査令状なしで捜査に必要な情報や証人を召喚する権威を連邦捜査局に与える修正案を示唆することもあったが、愛国者法の

再承認を何より優先するために、最終的にその修正案は含まれなかった。その結果、2005年7月28日にスペクターとフェインスタインの法案は、全員一致で上院を通過した。[55]

この法案は、米国自由人権協会が下院での法案よりは評価すると述べるなど、リベラルな団体からも、一応の賛意を得るものであった。いずれにせよ、もともと連邦議会での愛国者法の再承認は予想されてはいたものの、ロンドンのテロは明らかに、愛国者法のほとんどの条項の恒久化と2つの条項の10年の期限付きの再承認を助ける追い風になったことは疑いない。

しかしながら、愛国者法の恒久化はそのまま、憲法修正第1条の表現の自由に抵触する可能性をいつも秘めているため、常にその法の正当性が問われた。

実際、2005年に愛国者法の恒久化の流れが進む中、8月にコネティカット州のある図書館が愛国者法の口外禁止令の正当性について地方裁判所に告訴をしたことが報じられた。連邦捜査局がこの図書館に愛国者法の下で図書館利用者の全員の個人情報・使用記録の提出を求めた。同図書館は、口外禁止令の下、愛国者法が同図書館に適用されたことを公表することはできないことを不服として、米国自由人権協会の支援を受けて告訴するに至ったのである。つまり、口外禁止令は憲法修正第1条に記された表現の自由に違憲であると主張したのである。[56]

本章で述べてきたように、連邦政府は愛国者法の適用の実態を明確にせず、司法長官の発言にしても明快さに欠けていたため、どの程度、同法が適用されていたかは、米国図書館協会や大学の専門機関の調査などでしかわからなかった。また、捜査を受けた図書館は同法の口外禁止令で公表することは禁じられていたため、個人情報がどれほど連邦捜査局によって調べられたかはわからなかった。

その意味で、このコネティカット州の図書館が、愛国者法が恒久化されていく流れにおいて、その実態について公表する権利を求めて行動を起こしたことは注目に値する。9月の段階において、地方裁判所は口外禁止令を撤廃する決定を下した。しかし政府側が控訴することは確実である。

このような中、期限が迫る2005年12月になると、アメリカ議会においては、一時期、恒久化の方向性で進んでいた勢いもなくなっていった。愛国者法への非難が高まる中、下院では再び修正案が審議された。その結果、下院は、恒久化が一

時は考えられたほとんどの条項を4年の延長とした修正案を、12月14日に251対174の投票で通過させたのである。これに対し、延長期限が設けられたにせよ、延期を議会が認めたことに対し、ブッシュ大統領は歓迎する姿勢を示した。

その最低4年の延長の案は、上院においても容易に通過することが当初は確実視されていた。そこへニューヨーク・タイムズ紙が、上院の票決日の前日12月16日にブッシュ政権のスクープ記事を掲載し、上院への審議に大きな影響を与えた。(57)

この記事ではブッシュ大統領が、2001年9月のテロ事件以後に、裁判所の許可なくして政府捜査当局にアメリカ国民すべての人を対象として、テロリストの疑いがあれば、電話等の盗聴を認めていたという内容であった。これは法律的にも行政の越権行為であり違法性があるとして、ブッシュ政権は政権内外の両党の政治家から非難を浴びたのである。法制度をないがしろにした、行政府の法への軽視が浮き彫りにされたのである。これに対してブッシュ政権は、両党の党リーダーにこのことへの理解を求め、事実を事前に公表していたと述べ、当時の議会リーダーの了解を得ていたと見解を示した。

「9・11」のテロ事件当時、少数党院内総務であったトム・ダシュルは、12月23日のワシントン・ポスト紙において、ブッシュ政権による裁判所の許可を得ない政府当局の盗聴について認めたことはないと真っ向から反対する見解を示した。「9・11」の混乱の中、テロの捜査を遂行するため、政府に適当な権力を与える議会の決議文を上院で通過させる際、オサマ・ビン・ラディンとアルカイダの捜査を対象とした権威のみであることを議会は確認した、とダシュルは述べたのである。(58)

結局、上院では多数派の共和党からも愛国者法への延長を疑問視する声が出て、民主党による牛歩戦術を止めることができずに、期限前に延長が不可能になる可能性が出てきたのである。年末も押し迫った12月21日には、共和、民主の両党のリーダーが集まり、最終的には愛国者法の6か月の延長のみを認めることで上院は妥協し、法案を通過させることになった。(59)

これを受けて修正案を議論した下院は、さらにこの延長を1か月のみに制限する決議を12月22日に通過させ、愛国者法による個人の情報収集への権威の

制限を図ったのである。⁽⁶⁰⁾ このことは愛国者法の適用について、ブッシュ政権への不信感への表れでもあった。また2006年の中間選挙に向けて支持率が低迷するブッシュ大統領に対して、同胞の共和党議員もブッシュ政権とは距離を置くために反対の意を表したのである。

　2006年に入り再度、愛国者法の延長が議会で審議され、結局、4年の延長が決定された。しかし愛国者法をめぐっては、憲法修正第1条の表現の自由に抵触する可能性があるため、今後もこの法律の是非は問われていくと思われる。常にテロリストの脅威を訴えるブッシュ政権は愛国者法の必要性を支持し続ける。その一方で、議会での支持は一定したものではない。法と秩序を守るのか、個人の権利を重視するのか、常にそのバランスの中で、その是非が問われていくに違いない。

4．まとめ

　図書館は国内外の政策に大きく影響を受けてきた。本来、憲法で守られている表現の自由・プライバシーの保護・知る権利は、戦時、戦後にかかわらず国防に関わることに関しては、連邦の政策や法律によって制限されることもあった。
　しかし同時に、アメリカの市民の間では常に、民主主義の根幹をなすこれらの原理が侵される可能性が出たときに、強く反発する行動が見られた。特に本やその他のあらゆる資料を扱う図書館員たちは、他の市民とともに、表現の自由・プライバシーの保護・知る権利が侵されると知ったときに、強く政府に抗議活動を行うなどしたのである。
　1970年代、1980年代の冷戦時代、反ソ連・東欧政策を取っていた連邦捜査局は、反防諜活動の一環として図書館覚醒プログラムを施行した。これは東欧の出身と思われるアクセントを持つ英語を話す図書館利用者を監視することを図書館員に要請し、反諜報活動の協力を求めることであった。図書館員に国防政策の重要性を認識させることであったのである。実際、ソ連や東欧の諜報員が図書館においてスパイ活動を行っていたこと明らかになることもあった。しかしアメリカ

の図書館では、連邦捜査局が図書館覚醒プログラムという政策を組織的に行っていることが明らかになったとき、全面的に反対を表明したのである。

また2001年の「9・11」のテロ事件後に通過した米国愛国者法に対しても、図書館は強く反対する姿勢を示した。それは同法が、本の利用状況やEメール、インターネットのアクセス状況を、本人の許可なくして調べる権限を連邦捜査局に与えたためであった。また同法では口外禁止令によって、捜査の内容を知った図書館も、その利用者はもちろんのこと他者にも知らせてはいけないという制限が加えられていた。その上、連邦捜査局は、捜査対象になる利用者が明確にテロとの関わりをもつ証拠を示さなくても捜査令状を取れる法律であった。このことはプライバシーの侵害にあたるとして、図書館またあらゆる市民団体が反対の声を上げたのである。

米国図書館協会、リサーチ図書館協会や地方の図書館協会は、同法に反対の声明を出したり、各図書館に連邦捜査官が捜査要請に来たときには、裁判所からの捜査令状か召喚状を持っていない限り、拒否するように呼びかけたのである。また個々の図書館では張り紙やコンピュータのスクリーン・セーバーによって、個人の情報が連邦捜査局によって本人の許可なく調べられる可能性があることを知らせるなどした。

また、図書館ばかりでなく市民レベルでも地方政府に働きかけ、2004年3月の時点で260の地方自治体において反愛国者法の決議がなされた。このことは、人々の中でプライバシーの保護がいかに重要な原理であるのかを示すとともに、連邦政府の方針でも、誤りであると人々が確信したとき、強く政治に働きかけていくことを示した。また、地域の問題は地域の住人が決めるという意識が見られたと言える。

ただし、「9・11」のテロを経験したアメリカ人にとって、愛国者法は反テロ対策だけに、微妙な選択を迫られることでもあった。国政レベルで見られるように、国防の重要性を連邦政府・議会は強く認識し、愛国者法の完全廃止は全く最終の議決案として上ることがなかった。スペインでの列車の爆破のテロ事件、ロンドンでの地下鉄・バス爆破のテロ事件が起こるたびに、ホワイト・ハウス、司法省等は、国内でのテロ防止、テロリストの逮捕のために愛国者法の

重要性を訴えてきた。このことからも、一般市民にとっても反テロ政策は重要だという意識があったことは言うまでもない。それが、国政レベルでの愛国者法の保持につながっていったとも言えるであろう。

しかしながら、この愛国者法の是非についてアメリカで起こっていることは、常にアメリカの民主主義を語るときに起こることなのである。つまりアメリカでは政治の方向性は国政レベルだけですべてが決められているわけでないということである。特に法律が個々人の表現の自由・知る権利・プライバシーの保護など個人の人権に関わる問題であるとき、各種のグループ、一般市民が関心を寄せ、政治の行方に声を上げ、行動を起こすのである。国政レベルのみならず、地方のレベル、市民レベルでも賛成と反対の声が交わされ、政策が一定の方向にいく。そこにアメリカ民主主義のダイナミズムがあり、また、それでこそ民主主義が生きていると言えるのである。

■注

(1) Abrams v. United States, 250 U. S. 616. 1919. The U.S. Supreme Court.
(2) Minow, Mary. 2002. The USA Patriot Act. *Library Journal* 127 (16):52.
(3) Nation article digs deeper into FBI "Invasion of Libraries". *American Libraries*:336.
(4) McFadden, Robert D. 1987. "F.B.I. in New York Asks Librarians' Aid In Reporting on Spies". *The New York Times*, September 18, 1.
(5) DeCandido, Graceanne. 1988. FBI Library Awareness Program. *Library Journal* 113 (12):15.
(6) McFadden, Robert D. 1987. "F.B.I. in New York Asks Librarians' Aid In Reporting on Spies". *The New York Times*, September 18, 1.
(7) Librarians attack FBI program at House subcommittee hearing. 1988. *American Libraries* 19 (7):562.
(8) DeCandido, Graceanne. 1988. FBI Library Awareness Program. *Library Journal* 113 (12):15.
(9) "ALA members meet with FBO, get concessions on library visits". 1988. *American Libraries* 19 (9):743.
(10) Cheatham, Bertha M.; Cohen, Andrew. 1988. "ALA/IFC, FBI Face-off Over Library Awareness Program". *School Library Journal* 35 (3):12.
(11) Pierre, Robert E. 2001. Wisconsin Senator Emerges as a Maverick. *The Washington Post*, October 26, 8.
(12) Schneider, Karen G. 2002. The Patriot Act: Last Refuge of a Scoundrel. *American Libraries* 33

(3):86.
(13) Minow, Mary. 2002. The USA Patriot Act. *Library Journal* 127 (16):52.
(14) Kinsley, Michael. 2002. Listening to Our Inner Ashcrofts. *The Washington Post*, January 4, 27.
(15) Ibid.
(16) Freedom, American Library Association Office of Intellectual. 2005. *Confidentiality and Coping with Law Enforcement Inquiries: Guidelines for the Library and its Staff.* ALA 2005 [cited July 30 2005]. Available from http://www.ala.org/PrinterTemplate.cfm?Section=ifissues&Template=/ContentManagement/ContentDisplay.cfm&ContentID=21654.
(17) Ibid.
(18) Ibid.
(19) イリノイ大学図書館リサーチ・センターのウェッブ・サイトより。（http://lrc.lis.uiuc.edu/web/PA.html）
(20) イリノイ大学図書館リサーチ・センターのウェッブ・サイトより。（http://lrc.lis.uiuc.edu/web/PA.html）
(21) イリノイ大学図書館リサーチ・センターのウェッブ・サイトより。（http://lrc.lis.uiuc.edu/web/PA.html）
(22) ただしこれも先に記したように、連邦捜査局、地方の政府当局に捜査を受けたとしても、それが愛国者法が法的根拠として使われたかは定かでない。刑事犯罪に関わることでも、裁判所より捜査令状や召喚状は発効されるためである。
(23) 米国図書館協会の2005年の会議は6月23日から29日までシカゴのマコーミック会議場で開催された。同資料はその中で、26日に開催された"To Save or Not to Save? Strategies for Protecting Patron Information Revisited"という題名のセッションで発表された内容である。
(24) Goldstein, Amy. 2001. Hijackers Led By Core Group; Suspects Left Trail of Movements In U.S. Through Licenses, Rentals. *The Washington Post*, September 30, 1.
(25) Oder, Norman. 2005. 9/11 Hijackers Used Other Library. *Library Journal* 130 (10):20.
(26) Oder, Norman. 2003. FBI Has Visited About 50 Libraries. *Library Journal* 128 (11):17. Lichtblau, Eric. 2003. AFTEREFFECTS: INTELLIGENCE OPERATIONS. *The New York Times*, May 21, 1.
(27) Oder, Norman. 2002. Patriot Act Stats Won't Be Revealed. *Library Journal* 127 (15):17.
(28) Oder, Norman. 2003. Bill Offers Patriot Act Exemption. *Library Journal* 128 (6):20.
(29) Bewer, Tony. 2003. Libraries Cope Creatively with the Patriot Act. *American Libraries* 34 (5):20.
(30) Ibid.
(31) Branch-Brioso, Karen. 2003. AGENTS' POST-9-11 INQUIRIES AT LIBRARIES RAISE PRIVACY QUESTIONS. *St. Louis Post-Dispatch*, January 23, 1.

Branch-Brioso, Karen. 2003. LIBRARY CHANGES POLICY, WILL RELEASE SIGN-UP SHEETS ONLY UNDER A COURT ORDER. *St. Louis Post-Dispatch,* March 5, 5.

(32) Oder, Norman. 2003. More Patriot Act Protects at PLs. *Library Journal* 128 (8):22.
Bewer, Tony. 2003. Libraries Cope Creatively with the Patriot Act. *American Libraries* 34 (5):20.

(33) Oder, Norman. 2003. Bill Offers Patriot Act Exemption. *Library Journal* 128 (6):20.

(34) Oder, Norman. 2003. Bernie Sanders. *Library Journal* 128 (15):30.

(35) Sarasohn, David. 2003. Patriots vs. the Patriot Act. *Nation* 277 (8):23.

(36) Oder, Norman. 2003. New Bills in Coongress Would Scale Back USA Patriot Act. *Library Journal* 128 (14):1.

(37) Huang, Josie, and Kelley Bochard. 2004. Councilors denounce Patriot Act provisions. *Portland Press Herald,* March 16, 1.

(38) Central Maine town condemns Patriot Act at annual meeting. 2004. *AP,* June 13.

(39) Trotter, Bill. 2004. Patriot Act ire growing in Maine. *Bangor Daily News,* March 13, 1.

(40) Ibid.

(41) Oder, Norman. 2003. Ashcroft Agrees to Release Report on FBI Library Visits. *Library Journal* 128 (17):16.

(42) Lichtblau, Eric. 2003. Ashcroft Mocks Librarians and Others Who Oppose Parts of Counterterrorism Law. *The New York Times,* September 16, 23.

(43) Oder, Norman. 2003. Ashcroft Agrees to Release Report on FBI Library Visits. *Library Journal* 128 (17):16.

(44) Berry, John N. Ibid.High Profiles, Strong Image. (20):8.

(45) Oder, Norman. 2004. Report: Protect Library Records. Ibid. 129 (2):16.

(46) Stevenson, Richard W., and Eric Lichtblau. 2004. Bush Pushes for Renewal of Antiterrorism Legislation. *The New York Times,* April 18, 16.

(47) Eggen, Dan. 2005. Congress Urged to Renew Patriot Act. *The Washington Post,* April 6, 17.

(48) Ibid.

(49) Oder, Norman. 2005. Gonzales Bends on Patriot Act. *Library Journal* 130 (8):18.

(50) Lichtblau, Eric, and Scott Shane. 2005. House to Take Up Patriot Act Extension. *The New York Times,* July 21, 20.

(51) Eggen, Dan. 2005. Renewed Patriot Act Gets Boost in Senate Panel, House. *The Washington Post,* July 22, 12.

(52) Lichtblau, Eric, and Scott Shane. 2005. House to Take Up Patriot Act Extension. *The New York Times,* July 21, 20.

(53) Lichtblau, Eric. Ibid.House Votes for a Permanent Patriot Act. July 22, 11.

(54) Ibid.

(55) Eggen, Dan. 2005. Senate Approves Partial Renewal of Patriot Act. *The Washington Post,* July 30, 3.

(56) Cowen, Alison Leigh. 1995. At Stake in Court: Using the Patriot Act to Get Library Records. *The New York Times,* September 1, 1.

(57) Risen, James, and Eric Lichtblau. 2005. Bush Lets U.S. Spy on Callers Without Courts. *New York Times,* December 16, A.1.

(58) Daschle, Tom. 2005. Power We Didn't Grant. *The Washington Post,* December 23, A.21.

(59) See also, Ibid.

Babington, Charles. 2005. Renewal of Patriot Act Is Blocked in Senate. *The Washington Post,* December 17, A.01.

Babington, Charles, and Michael A. Fletcher. 2005. Senate Votes to Extend Patriot Act for 6 Months. *The Washington Post,* December 22, A.01.

(60) Weisman, Jonathan. 2005. Patriot Act Extension Is Reduced To a Month; House Action Overcomes Senate's Longer Reprieve. *The Washington Post,* December 23, A.01.

おわりに

　アメリカの民主主義の実態はどのようなものなのか、特にアメリカの図書館において、民主主義の原理の1つである「表現の自由」を実現するために、政府、市民がどのように行動するのかを考察した。

　特に本書を書くにあたり、アメリカの政治に関連する3つの要素に特に気をつけて、このテーマについて考察してみた。

　第1に、アメリカの政治を市民レベル、地方レベルから分析を試みたことが挙げられる。日本のマスメディアで紹介されるアメリカの政治は、ホワイト・ハウスや大統領周辺の論考が多いが、アメリカは日本より自治が強く、内政に関しては地方や地域の政治も検証する必要がある。本稿ではすべての地域ごとの政治を研究するのが目的ではないものの、図書館という視点から、民主主義原理の1つである「表現の自由」がどのように民衆の間で、また地方自治の中で実現されているかについて論考した。

　第2に、本書はアメリカの保守政治の土台となる政治思想と行動を、リベラルと並べて考察した。アメリカ政治を紹介する本は、アメリカでもリベラルな視点は多いが、保守の視点を捉えたものが少ない。ある研究によると、アメリカの大学の人文・社会学の教授の共和党支持派と民主党支持派の割合は1対7と報じている（"Republicans Outnumbered In Academia, Studies Find,"ニューヨーク・タイムズ、2004年11月18日より）。政治政党の支持が、そのまま研究内容の傾向性になるとは言えないが、政治や歴史を語る場合、リベラルな視点を研究し教える教授は多くとも、保守的な視点を研究し教える教授は少ないことは確かである。

　その影響もあるかもしれないが、日本においても、アメリカ研究の中でリベ

ラルな政治や思想の研究に較べると、保守政治や思想についての研究は圧倒的に少ないように思われる。結果、日本でもアメリカに詳しい人でなければ、一般の日本人はアメリカを「リベラル」な社会だと考える人が少なくないのではないだろうか。その点も踏まえ、本書は図書館に関わる本やコンピュータをめぐってアメリカで実際に起こった具体事例を挙げ、リベラルと保守の「表現の自由」に対するアプローチの仕方、考え方を論考し、アメリカの一般の人の半分は、日本人が思っているほどリベラルではないことを示した。

第3に、民主主義は法制度だけではなく、実際、権利を普通の人々が自覚し、それを実現しようとするところに成立することを示した。「民主主義である」ということは、成文法として民主主義が定められ、選挙制度、権力分立など制度として民主主義の環境が整っているだけでは成立しない。また、民主主義を解釈するのは政治家、裁判官だけではない。一般の民衆も民主主義を解釈し、実際、行動するところに民主主義が存在することを、コンピュータの規制、米国愛国者法などアメリカの事例を引いて紹介した。

本書を書くにあたり、さまざまな方々に叱咤激励を受けたため、そのことに一言ふれたい。あまりの多くの方々にお世話になっているため、一人ひとりの名前を書くことはできないが、特に私が政治学を志した上でお世話になった大学の恩師である、創価大学の高村忠成教授とクレアモント・マッケナ大学のアルフレッド・バリッツアー教授については述べる。特にこの2人の下で政治学を学べたことで、私自身の視野が広がったためである。感謝してもしきれない。

高村先生には政治学全般の知識のみならず、大学時代の節目節目で進路となる方向性を指導していただいた。とにかく語学の重要性を強調され、英語のマスターが大事だとアドバイスしてくださったり、大学院に行くか就職するか迷ったときに、大学院へ行くことを勧めてくださった。渡米してから11年以上が経ち、今では日本にほとんど帰国する機会もなく、結婚してからも7年間で1度だけ帰国して先生に挨拶に行ったきりであり、まったく不肖の弟子であると申し訳なく反省している。

しかし高村先生に出会えたことで、アメリカの大学院で学ぶきっかけつく作っていただき、また仕事をしていく上での学力と忍耐をつけていただいたと、

いつも感謝している。特に先生の下、高村ゼミに入った大学3年から、東南アジアのタイのタマサート大学留学をはさみ、大学院の修士号を終えるまでの5年間は、研究者として基礎力をつけていく上で大切な時期であった。この間、大学院卒業まで1,100冊以上本を読んだ経験は、私にとっては訓練になり、力になった。この時に書いた読書ノート、抜き書きのノートは、私の一生の宝物である。また、高村先生はユーモアがあり、授業のときもよくジョークを言われていらっしゃった。また授業以外でも忙しい中、ゼミ生の宴会には来てくださり、よくカラオケで歌われていた。人間味あふれ、学生を大切にする先生の下で学べたことは、本当に財産となっている。

またアメリカのクレアモント大学大学院で学んだときには、バリッツアー教授にお世話になった。とても言葉では尽くせないほど感謝している。バリッツアー教授には、知識としてアメリカ政治、政治哲学を学ぶ上でも、また実社会のアメリカ政治の中で仕事をしていく上でも世話になった。大学の恩師ではあるが、生活の上でも世話になり、アメリカでの父のような存在であった。教授に会えなかったならばアメリカの大学において政治学の博士号は修得できなかっただろう。学問と仕事には厳しかったが、高村先生同様に学生思いの教授であった。

クレアモント・マッケナ大学を退官されたが、それまでバリッツアー教授の世話になった学生は数知れず多くいたことも私はよく知っている。アメリカ民主主義について書いた本書は、バリッツアー教授から得た学問的訓練や社会的訓練なくしては語りえない。

バリッツアー教授は非常にエネルギーに溢れ、バイタリティーに富んだ方で、しかもアメリカの大学の政治学の中では珍しく保守派の教授であった。レーガン政権時に、東南アジアのブルネイの特任大使もされた経験があり、アメリカの大学に戻られた後も、カリフォルニア州の地方政治、また実際の国政の中でもコンサルタントとして常に仕事もされていらっしゃった。私の知る限り、私が一緒に働かせていただいたときは、毎日、十数時間は働いていたと記憶している。

学問の学派で言えば、バリッツアー教授は「ストラウジアン」と呼ばれる政治哲学の学派に属していた。「ストラウジアン」とは、政治哲学の大家レオ・ス

トラウスの学問の系統を引く学者たちのことを言う。バリッツアー教授はシカゴ大学大学院に学ばれたときに、政治哲学の大学者であるレオ・ストラウス教授の下で学ばれたことを本当に誇りにされていた。ユダヤ人のストラウスは戦時中ナチドイツからアメリカに渡り、以後シカゴ大学で長いこと教鞭を執った。クレアモント・マッケナ大学（当時はクレアモント・メンズ・カレッジという名称であった）でも晩年2年間教鞭を執ったと言う。バリッツアー教授もシカゴ大学から学問の師ともにクレアモントに来られたと聞いた。

プラトン、マキャアベリ、ホッブス、スピノザなどを、その哲学者の書いた言葉そのままに文脈を忠実に読み、哲学者の本質を解釈していく研究方法で、シカゴ大学のストラウスの下からは多くの哲学者、政治学者が生まれた。またストラウスの下、多くのストラウジアンと呼ばれる弟子たちが研究したが、その解釈はその文脈から解釈し、広く解釈しないことからアメリカでは保守派の政治学とも呼ばれている。たとえばコーネル大学のアラン・ブルーム、クレアモント・マッケナ大学のハリー・ジャファ、ハーバード大学のハービー・マンスフィールドなどのアカデミアは、有名なストラウジアンである（ただしストラウジアンが皆、同じ政治思想を共有している訳ではない）。また政治の世界でも世界銀行のポール・ウオルフォウィッツ総裁はシカゴ大学で直接ストラウスの下で学び、保守の評論家として有名な「スタンダード・ウィークリー」誌の評論家ウィリアム・クリストルはハーバード大学でマンスフィールドに学んだため間接的にストラウスの影響を受けたと言う。その父親であり、新保守主義を提唱したと言われるアービン・クリストルはストラウスの哲学から影響を受けたと自ら認めている（本書の趣旨とは異なるのでストラウジアンの考え方は詳細はしないが、先にも述べたようにストラウスの哲学の傾向性はブルームの『アメリカン・マインドの終焉』にあるように保守的なものである。そのため現代では新保守主義の哲学的な影響はストラウスにあると論ずる学者もいる）。

私自身、日本から来た当初、アメリカのことをリベラルな国だと思ってきただけに、ストラウスの政治哲学はまったく知的興味をそそられる学問であった。それは日本に紹介されるアメリカについての情報が、リベラルな影響の強い映画、音楽の影響を受けているものが多いことも、その理由であったと考える。しかし

それはアメリカの一面でしかないことを、アメリカに来てすぐに思い知った。

　バリッツアー教授に出会う前には、保守的な土地柄の南部州のサウス・カロライナ州立大学で英語を学んだのだが、その時、ある英語の先生とアメリカの政治文化について話したときに、「アメリカは政治的にリベラルではない」と言われ驚いたことがあった。もちろん南部の土地柄でキリスト教の敬虔深い先生から聞いた言葉であったことも関係したかもしれないが、当時、何も知らない私はアメリカの民主主義について、興味をそそられたことは言うまでもない。

　しかしまもなくバリッツアー教授に出会い、図らずも「ストラウジアン」の系統を引く教授からアメリカ民主主義について学ぶ機会を得たことは幸運であったとしか言いようがない。サウス・カロライナ州にいた当時、先生と初めて電話で話した。直接面識があったわけではなく、電話で話しただけだったが、話をしていくうちに、クレアモント大学で政治を学ぶことを勧めてくださった。親切なことに先生は、サウス・カロライナから飛行機に乗った私を迎えに、ロサンゼルス近郊のオンタリオ空港まで車で迎えに来てくださった。さらに申し訳ないことに、アパートの世話から、カリフォルニア州の車の免許を取得することまで世話していただいた。高度な語学力を必要とした大学院では当初、英語に苦しんだ私のために、時間を空けて、どのように英語を勉強したらいいのか専門の教授に聞いたり、ともに考えてくださった。専門の政治学の教科はもちろんのこと、何度も食事をともにしながら、指導を受けた。先にも述べたが1日十数時間は仕事をしていた多忙な中、知らない日本からの一学生のために、これほど、時間をかけてくださったことを考えてただけでも、とても先生には感謝しても感謝しきれない思いである。

　そしてバリッツアー教授が、他の学生に対しても同様に接しておられたことを知るのに、さして時間はかからなかった。お金が大変な学生には、アルバイトを探してあげたり、大学院生には奨学金や研究助成金を探したりした。アメリカの大学では実際、インターンシップと言って企業や非営利組織等で仕事をした経験が大学院入学や就職に大きく役立つが、先生は広い人脈を通じて、多くの学生をさまざまな企業、国際機関などに紹介していた。その恩恵を受けてアメリカのアイビーリーグの大学院やトップの企業に就職を勝ち取った学部の

学生が、教授の周りには多くいた。教授も自分の教え子たちの社会的な成功をいつも喜んでおられた。その中には有名議員や東南アジアのある国の外相を務めた人などもいた。

　またアメリカの政治の現場によく学生を連れて行ってくださった。私がバリッツアー教授と初めて会って数日後には、スーツを着て来るように言われ、市議会選挙に立候補する民主党の候補者のレセプションに連れて行ってくださった。その後、先生のコンサルタント会社の研究者として、ワシントンにロビー活動をする仕事にも携わらせていただいた。まさに日本でいう広告会社とビジネス・コンサルタント会社の業務をするような仕事なのだが、クライアントのために政治的な世論を作り上げていくことが仕事内容であった。時にはある法案を通すために、その関わる地域に出かけ、地方のコミュニティーの人々を集め、説明会を開いたりする。またある時は市議会の公聴会に出かけたり、プレゼンテーションをしたり、政治的なテレビ・ラジオのコマーシャルを製作するなど、多岐にわたって政治のコンサルタントをする会社でリサーチャーとして関われたことは、アメリカ政治を学ぶ上でも役に立ったことは言うまでもない。

　仕事や学問には厳しく、いったん決められたことには妥協を許さなかった。特に正しいと思うプロジェクトに対しては全力で取り組んでおられた。自分に厳しく、仕事にも妥協を許さなかったため、中途半端な態度はできなかった。その面では厳しい先生であったが、先生の姿勢に学ぶ面は多くあった。

　しかし普段はいつも明るく、ユーモアがある先生は授業でも単なる理論ばかりでなく、実際の政治の実像も紹介され学生の人気があった。よく食事も一緒にさせていただいたが、食事の後に、フローズン・ヨーグルトを食べに行ったことは懐かしい思い出である。フローズン・ヨーグルトはアイスクリームより糖分が控えめなデザートである、と教授は信じられていた。体重を気にされ、何かと糖分は控えなければならないはずだったと思うが、フローズン・ヨーグルトは止められなかったようである。日本にフローズン・ヨーグルトの店がなかったと私におっしゃり、銀座にフローズン・ヨーグルトの店を出そうとよく冗談を言っておられた。それと先生は、家族を大切にされる方であった。今は亡くなったが、ご母堂を大切にされ一緒に暮らしていた。週に1度はどんなに

忙しくても、時間を空け、息子さんとお母さんと一緒に映画館に行かれ、食事をされたりした。私も独身の時は、そのような家族の時間に何度か加えていただいた。

いずれにせよバリッツアー教授には感謝としか言いようがない。アメリカの政治を学ぶにあたって、理論ばかりでなく実践の中で学べたのは先生と出会えたからであり、先生なくして今の私はあり得ない。人種・言葉・文化・宗教そして政治哲学も、先生と私は異なっていたが、先生は、そのようなことは気になさらなかった。たまに政治のことを話していて、保守中の保守の先生は私に対して「シンジはリベラルだな」と"嘆かれて"いたが、それでも先生は学生の成長を思う寛容な心を持ち、政治信条の違いは大きな問題ではなかったようだ。いずれにせよ政治哲学、アメリカ政治を学ぶ上で、バリッツアー教授との出会いは私にとっては大きなものであった。

読者の方々が本書により、少しでもアメリカ政治とその民主主義の特徴について新たな発見があったなら、それはすべて、私が高村先生とバリッツアー教授から学んだところのものであることは言うまでもない。また本書においては細心の注意を払って書いたが、もしそこに情報の間違い等あれば、それは言うまでもなく私のミスであり、指摘していただければ感謝にたえない。

また先にも述べたが、本書を書くにあたって多くの人々の助力があった。すべての方の名前を記述することはできないが、一部の方の名前を挙げるなら、家族ぐるみで世話になった創価大学の石神豊教授・弘子夫人、ロサンゼルス市警察会計監査長のジュリエット・チャン、レオ夫妻には本当に感謝している。また創価大学の学生時代には高木功教授、白石正樹教授、宮下輝雄教授、松岡誠教授に、またクレアモント大学のジーン・シュローデル教授、チャールズ・ケスラー教授、ジェームズ・ニコルス教授、ジョセフ・ビセッテ教授、ラルフ・ロッサム教授、アラン・ヘスラップ教授には大いに知的啓発を受けた。サウスカロライナ州立大学のトモ・カワグチ博士、ロサンゼルスのジャパン・アメリカ・テレビジョン社の北岡和義氏、同志社大学の渡辺武達教授、大阪外国語大学の杉田米行助教授にも、研究・仕事を進める上で助力・助言をいただくなど、さまざまな面でお世話になった。

それと鹿児島県立短期大学で教鞭を執られていた故境井孝行氏と元野村総合研究所副社長をされた故徳山二郎先生は忘れられない方々である。境井氏とは同氏が在外研究でクレアモント大学に1年間いらっしゃった時、私の住んでいた院生・研究者のアパートの向かいに住まわれ、知り合いになった。家族ともども一緒に出かけたり食事をした思い出は尽きない。白血病で亡くなられたと聞いたときは本当に残念でならなかった。私にとっては政治学を学ぶ上で兄のような方であった。

　またロサンゼルスに住まわれていた徳山二郎先生とは仕事の中で知り合いになった。実際の日米の政治に造詣の深かった先生は、日米の政治のさまざまな違い等、政治の実像を教えてくださった。私の妻も先生の手書きの原稿をタイプする仕事を手伝わせていただいたりし、若輩の私にも偉ぶることなく同等に接してくださった。本当に心の広い方であった。ニュースで先生が亡くなったことを知ったとき、もっと学びたかったと本当に残念に思った。

　それと図書館について書いた本書では、私のアメリカ創価大学図書館の同僚には教えてもらったことが多々あった。マリアン・ハイトさん、ジョイ・ワングさん、リサ・ポーファーさん、ジャーミー・ロドリゲス氏、ミヒュン・アンさん、サイード・マクリファブリ氏、ジェーン・ジェイブスさん、ヒロコ・トモノさんである。また部署は違うがエリック・キムラ氏、奥田英樹氏、大山彰久氏、心理学の高久聖司教授には感謝したい。そして何よりも大学教育出版の佐藤守氏、安田愛さんの協力、理解なくしては、本書の完成はあり得なかった。心より感謝申し上げたい。

　また私のタイ、アメリカ留学に助力していただいた母校創価大学の創立者であり人生の師である池田大作先生、私の学問を支えてくださった両親、兄妹、そして、いつも陰で支えてくれている妻の美穂と息子の伸明に本書を感謝の気持ちとして捧げたい。

2006年5月3日

アリホ・ヴィエホのキャンパスにて

著　者

■著者紹介

上田　伸治（うえだ　しんじ）
1967年、宮城県生まれ

最終学歴：
2002年、クレアモント大学大学院修了（The Claremont Graduate University）、政治学博士（Ph.D.）

職歴：
1995年よりPacific Research & Strategies, Inc.の研究者を経て、2001年よりアメリカ創価大学図書館職員、また同大学非常勤講師として現在に至る。

専門：
比較政治思想・アメリカ政治専攻

著書：
『アメリカ社会への多面的アプローチ』（杉田米行編）（共著）岡山：大学教育出版、2005年、『人文社会科学とコンピュータ』（杉田米行編）（共著）東京：成文社、2001年

主な論文：
"Japanese Imperialism - Political Philosophy Based on the Shinto-Emperor Ideology." Journal of Asia-Pacific Affairs 5, no. 2 (2004): 89-113.; What Influence Did the American-Made Japanese Constitution after World War II Have on the Development of Religious Freedom Including the Separation of Church and State in Japan? Ann Arbor: UMI Dissertation Services, 2002.等

本と民主主義
―― アメリカの図書館における「表現の自由」の保護と制限 ――

2006年7月20日　初版第1刷発行

■著　者──上田伸治
■発　行　者──佐藤　守
■発　行　所──株式会社 大学教育出版
　　　　　　〒700-0953　岡山市西市855-4
　　　　　　電話(086)244-1268㈹　FAX(086)246-0294
■印刷製本──モリモト印刷㈱
■装　丁──原　美穂

Ⓒ Shinji UEDA 2006, Printed in Japan
検印省略　　落丁・乱丁本はお取り替えいたします。
無断で本書の一部または全部を複写・複製することは禁じられています。

ISBN4-88730-678-4